HF423731

الليلة الأخيرة

قصص

أمينة الفضل

الليلة الأخيرة

قصص

إصدارات دائرة الثقافة، حكومة الشارقة 2022م

الناشر: دائرة الثقافة ـ حكومة الشارقة ـ الإمارات العربية المتحدة

الهاتف: 5123333 6 971+

البرَّاق: 5123303 6 971+

الموقع الإليكتروني: www.sdc.gov.ae

البريد الإليكتروني: sdc@sdc.gov.ae

تصميم الغلاف: زينب الملا

813.01

ف ا . ل   الفضل، أمينة

الليلة الأخيرة / أمينة الفضل.ـالشارقة، الإمارات العربية المتحدة : دائرة الثقافة، 2022.

146ص ؛ 14 x 21سم.

1. القصص العربية القصيرة ـ السودان   أ. العنوان

ISBN: 978-9948-826-05-7

عيون الحب

رأيته يتفحصها بنظراته من بعيد. بدأ متحفزاً يقترب رويداً رويداً من مكان جلوسها.

ظللت واقفاً أرقب ذلك المشهد. ترى ماذا يريد أن يفعل؟!

لم تنتبه إليه ولا لنظراته الشرهة. كانت تضحك كثيراً، فهي حقاً لا تعيره اهتماماً ولا انتباهاً، وهذا ما شجعه أكثر على الاقتحام. كانت الفتاة الجميلة تتحدث وتضحك بصوت عالٍ لكني لم أعرف هذا الجالس أمامها وهويته.

أكانت تجالس حبيبها؟ زميلها؟ أخاها؟ أم ابن الجيران؟ لكنه قطعاً لم يكن أخاها عرفت ذلك من نظراتها الهائمة عندما أزاحت نظارتها الشمسية لتبدو عيونها الساحرة الناعسة متسقة مع ملامح وجهها الطفولي البريء.

أثار حديثها الهامس فضولي، لكنني بعد هنيهة علمت أنه خطيبها، آه.. إنه خطيبها إذن! لمحت الآن فقط ذلك الخاتم الذهبي اللامع الذي تتعمد أن تحركه يمنة ويسرة وكأنها تذكره به، وأن ما بينهما رباط أبدي.

نظرت إلى جليسها والذي هو خطيبها؛ لم يَرُقْ لي شكله، فقد بدا منفراً، كان أقرب لهؤلاء الموتورين والبوهيميين الذين يتعاطون المغيبات والمهلوسات وينادون بالحرية المطلقة. أما كيف عرفت ذلك فقد عرفته من شعره الشَّعِث الذي بدا كأن لم يلامسه مشط منذ مدة طويلة، ومن قميصه مفتوح الأزرار العليا، وبنطاله الجينز المتسخ والممزق عند ركبتيه، تتدلى من رقبته سلسلة طويلة كتلك التي يرتديها زعماء العصابات وقراصنة البحار.

لم يكن أنيقاً بالمرة، ما هذا القرف؟! كيف لهذه الزهرة الندية أن تجالس هذا الشبح؟! لا أدري لم تذكرت فيلم الجميلة والوحش.. إنه الحب. راجعت نفسي بعد أن علمت بأن عيون الحب دوماً عمياء، فهي تراه الآن مثل الممثل الأمريكي الوسيم توم كروز، أو نجم السينما المصرية ومعشوق الفتيات في الأربعينيات عمر الشريف.

لا بأس! هي حرة. القلب وما يريد. لكنني أنبت نفسي؛ كيف لا أذهب إليها وأخلع عنها تلك النظارة السوداء لترى هذا الحبيب المتسخ!

أصابني بالقرف، بل حتى أظافره بدت كأن لم تُقلّم منذ زمن طويل، بدت لي مثل أظافر الحيوانات المتوحشة. كان يتحدث معها بكلتا يديه كأنه يصارع الهواء!

زاد فضولي لأعرف ماذا يقول لها هذا المغفل يا ترى؟

تتحدث معه كأنها نسمة هواء صباحية في وجنتي طفل بين يدي أمه. أغاظني ذاك السمج بكل تناقضاته وقبحه، كيف لها أن تجالسه

وتضحك له تلك الضحكة الرنانة. يا لضحكتها التي استقرت في قلبي! هل يمكن لهذا المسخ أن يكون زوجاً لها؟ اللهم لا!

أتأملها وهي تمد يدها إليه بوردة، هل رأى أحدكم وردة تُهدي وردة؟! أخذ منها الوردة وبكل قبحه الموسوم به رماها جانباً، يا إلهي.. ما هذه القسوة؟! ألقى بالوردة جانباً، لم يبدر منها رد فعل للامبالاته تلك مع وردتها الجميلة، يا لها من حكيمة!

كيف لم تعاتبه على قلة ذوقه تلك؟ لكني لن أصبر أكثر من ذلك سأمضي نحوها وأقنعها بأن تتخلى عن هذا الشبح الذي يرافقها، والذي يسمى خطيبها زوراً وبهتاناً! هل ستتزوج منه؟ سأعلن عليه حرباً شعواء وسأكون أنانياً، فالحب أناني ولا يقبل القسمة! أحببت هذه الوردة الجميلة! ظللت أراقبها لساعتين بفضولٍ سيطر على حواسي جميعها، فأيقنت أني قد وقعت في حبائل حبها.

سأقاتل من أجل هذا الحب الوليد! نعم سأقاتل وأعلم أني سأفوز على منافسي الذي يفتقر للقوة والوسامة اللتين أتمتع بهما، فحربي معه محسومة قبل أن تبدأ وسأنتصر قطعاً على جوال القمامة المتنقل هذا.

أخذت نفساً عميقاً، ملأت رئتي بالهواء استعداداً لموقفي القتالي الذي سأبدأه الآن، دفاعاً عن حب وُلد لتوه لم يتجاوز الساعتين، لكني سأخوض لأجله حرباً ضروساً، للفوز بقلب الجميلة التي لا أعلم لها اسماً. لكن كيف إذا رفضتني وصرخت في وجهي بأن هذا الجالس أمامها هو روميو حياتها وأوكسجين رئتيها؟ ماذا لو صفعتني على وجهي، لتطفلي عليها ومحاولة خطفها من حبيبها، هذا شَعِثُ الشعر، طويل الأظافر؟

آهٍ من قلبي الذي يرفض الاستقرار في مكانه مذ رأى هذه السندريلا الرقيقة وسمع بعض همسها لهذا الغول الجالس أمامها! يا لسخرية القدر! إنه يمسك بيديها ويتحسسهما، لقد نقل إليها قذارة يديه. بلغ مني الغيظ مبلغه وفار الدم في عروقي.

سأرديه قتيلاً في الحال. لكني أتساءل؛ أليس لديها حاسة شم؟ كيف تتقبل هذا الأمر؟!

أفلتت يداها وتناولت طعامها لتكمله.

بقي الآخر المتربص بعيداً، متحفزاً ينظر إليها ويتحرك نحوها ببطء وهدوء.

عزف قلبي سيمفونية حب هذه الملاك وأيقنت أني لن أصبر، جالت بخاطري قصيدة لإحدى الشاعرات، والتي أجزم أنها كتبتها لأجلي لهذه اللحظة تحديداً، فهل كانت تتحدث بلغة الغيب؟ أم أنها أحست بأن هناك من يقع في أتون الحب دون تفكير ليحترق مثلي تماماً؟! تراقصت كلمات القصيدة أمام عيني:

الآن أوقن أنني لن أحتمل

الآن أوقن أن هذا القلب مطعون

ومجروح ومذبوح وأن العزم كل

خبأت نبض القلب عنك منعته

وحجبته وكتبت محظوراً على كل

المدائن والمداخل لكنه رغمي أطل.

قررت تحديداً في هذه اللحظة الحاسمة، بعد أن رددت أبيات القصيدة كالتعويذة عدة مرات؛ أن أذهب إليها وأصارحها بما يعتمل في قلبي من لوعة وحب.

ترددت قليلاً، كيف لي أن أخبرها أمام هذا الوحش، ماذا لو هجم علي؟ كيف سيكون موقفي من هذا التطفل؟ ازدادت ضربات قلبي وعَرِق جسدي وبدأت فعلياً أرتجف، إنها أعراض الحب المفاجئ، لقد خبرت هذه الأعراض قبلاً، لكني يجب أن أطرد الخوف وأتقدم وليحدث ما يحدث، لا وقت لدي سأتحرك نحو سندريلتي الجميلة.

هَأنا قادم إليك يا حبي؛ قادم كالسيل، كالليل، كالموج غزارة! حينها -وفي ذات اللحظة التي قررت فيها التقدم- سبقتني الآخر وبقفزة قوية في الهواء خطف منها السندوتش وهرب بعيداً. كان الكلب الجائع يراقب طعامها اللذيذ طويلاً إلى أن نفد صبره وحسم أمره بتلك القفزة البهلوانية غير المتوقعة.

بقيت أنا واقفاً في مكاني مشدوهاً أتلفت، حتى وجدتها، نعم جاءتني فرصة الاقتراب منها ومصارحتها، يا لجرأتي! قلت: لا بأس، وشكرت في سري ذلك الكلب الذي أعطاني فرصة التقدم والاقتراب.

أسرعت بوضع خطة سريعة التنفيذ قبل أن تغادر حبيبتي المكان وأكون قد خسرتها للأبد، سأذهب إليها مدعياً أني خفت عليها من ذلك الكلب الجائع. سأهدئ من روعها، سيكون هذا مجالاً لتبادل الحديث فأعرف عنها الكثير، ثم سينفتح المجال أمامي لأخذ عنوانها والذهاب مباشرة دون تأخير لخطبتها من أبيها، لا أريد تضييع هذه الفرصة؛ يكفي ما ضاع من عمري.

ضحكت على نفسي؟ أبهذه السرعة يا خالد؟ ماذا حدث لك؟ ألم تثب لرشدك؟ لا زلت في غيك القديم، تحرك قلبك الوجوه الجميلة فقط؟ يا رجل عد لرشدك فأنت كبير!

لا.. سوف أعرفها جيداً، سأقتحم عالمها وأعرف أي نوع هي، لكن ألا يقولون إن الجواب يكفيك عنوانه؟ عنوان خطابي جميل ومميز وبهي، ماذا أريد بعد؟

يا إلهي. كيف سأبرر تطفلي هذا؟ وكيف لي أن أرد على هذا الجالس معها والذي يبدو عليه التحفز، لكنني سأحاول على أية حال.

هل يمكن أن أقع في الحب بهذه السرعة؟ هل هو حب أم إعجاب فقط، هل سيتكرر ذات الأمر الذي عشته مع هيروديت وغيرها من الأخريات.

هيروديت تلك الفتاة الإثيوبية المدهشة التي كبلتني بحبائل حبها، مدهشة؟ كيف تكون مدهشة وهي قد عرتني أمام نفسي، فهل في هذا إدهاش؟ ربما!

لا أدري لماذا تذكرت هيروديت الآن؟ أرى وجهها بوضوح وأكاد أجزم أنه حقيقي وليس خيالا يقف أمامي ساخراً، كيف أمحو عن عقلي وقلبي تلك الذكرى المريرة والموجعة. رأيتها صدفة. كانت نظرة كافية لأن تغويني فأقع في حبها بلا تفكير، لكن هل بالفعل أغوتني أم أنني كنت كالريشة خفة حين رأيتها؟ لم أستطع الصبر حتى ينتهي حفل الاستقبال الذي أقامته السفارة الإثيوبية بمناسبة عيدها الوطني.

كنت ضمن الإعلاميين المدعوين، كنت أبحث عن مقعدٍ خالٍ

حول إحدى الطاولات عندما رأيتها من بعيد بعينيها البراقتين، وتسريحة شعرها المميزة وابتسامتها الساحرة كأنها رُسِمتْ رسماً. حاولت أن أجلس بجانب هذا الجمال اللافت الذي فتح أقفال قلبي الساكن. لم أجد مقعداً خالياً، تحركت إلى طاولة أخرى لا تبعد كثيراً عن طاولة هيروديت.

تعمدت أن أكون في مواجهتها لأختلس بعض النظرات.

لا أدري لماذا الآن يا هيروديت؟ لماذا يأتيني طيفك الآن وكأنه يحذرني من مغبة ما سأفعل، وما سيجره علي من لعنات وحزن.

أتذكر حديثك معي ووصفك لي بالانطباعي الذي لا يحكم عقله، بل يعدو خلف قلبه الذي حتماً سيورده المهالك.

لم أسمع نصيحتك ولم أعمل بها وليتني فعلت، وهَأنا الآن أسعى لاختطاف حبيبة من حبيبها، فقط لأني أحسست أنه لا يليق بها، لأنني كما قلت عني: أناني لا أفكر إلا في مصلحتي فقط. كيف استطعتِ يا هيروديت أن تدخلي قلبي وتعرفي أنانيته في الحب؟ هل لأنني أحببتك بصدق ومرغْتِ أنت هذا الحب بالوحل دون أن تدليني على الطريق الصحيح؟ تركتني كالأعمى أسير خلفك على غير هدى.

لكني مجبر الآن وقد تحرك قلبي نحو هذه الفتاة، فربما تكون أرحم منك يا هيروديت. لا أدري كيف تحركت من مقعدي ذلك اليوم وطلبت الجلوس بجوارك، لم تمانعي بل رحبت بي وعرّفتِني على الذين يقاسمونك الطاولة.

كنت منبهراً جداً بجمالك الساحر الذي طغى على نساء الحفل جميعهن، فلم أر غيرك، وكأن هالة من النور التفت حولك وفصلتك عن البقية.

اعتقدت جازماً بأني قد وقعت في غرامك منذ تلك اللحظة، التي تبادلنا فيها النظرات والابتسامات وأرقام الهواتف، وحينما تماديت أكثر كاسراً ذلك الحاجز الوهمي الشاخص بيننا، لم ترديني. بكل تهذيب أخرجتِ بطاقة أنيقة كثيابك وناولتنيها، ثم صمت فترة قبل أن نبدأ الحديث مع المشاركين في الطاولة. صار الحديث يأخذ منحىً سياسياً وهذا ميداني الذي أجيد اللعب فيه.

لم أترك شاردة ولا واردة من أخبار العالم بدءاً من فوز أوباما الإفريقي الأسود في الانتخابات الأمريكية، حيث يتفوق الجنس الأبيض على ما عداه من أجناس، ذلك الفوز الذي أعطانا، نحن شعوب العالم الثالث الموسوم بالتخلف، الأمل في تحقيق طموحات الشعوب المسحوقة، وإمكانية حياة جديدة تقوم على الحرية المسؤولة والكفاءة والقوة العقلية وليس الواسطة والانتماء الحزبي وانتهاءً بإبادة شعب الروهينجا لأنه مسلم.

تحدثت عن الديمقراطية قلت إنها خدعة، تمارس على الشعوب الضعيفة لاستلابها وخداعها وجعلها تمارس حرية مطلقة ظاهرياً، ورغم ذلك هي حرية مشروطة، فالشعب حر ما لم تمُس مصالح السادة والحكام، عندها يسقط القناع عن أبشع صورة للديكتاتورية يمكن أن يراها المرء. كنت أتحدث بحماس أدهشني.

واصلت بلا توقف: نحن شعوب الدول النامية والنائمة في الأصل، لن نتقدم إذا ظللنا نرزح تحت وطأة حكم الاستبداد والديكتاتوريات المصنوعة لجعلنا كالآلات، نتحرك بلا مبالاة، ندور مثل الطواحين،

نأكل ونتناسل ولا يهمنا من يحكمنا وكيف يحكمنا؟ بربكم هلا أخبرتموني؛ كيف لنا أن نلحق بالدول العظمى؟

رأيت الدهشة على الوجوه وانفتحت شهيتي للحديث أكثر، بالطبع كنت أقصد بحديثي هيروديت، لا يهمني الآخرون بشيء.

كنت أتحدث العربية وأطعمها بإنجليزية متقنة. كنت مبهراً وقد التقطت هيروديت الطعم، صارت تشارك في الحديث، تسأل وتجيب. كنت متيما ومأخوذاً بهذا الجمال الأخاذ، اجتمع الجمال الإثيوبي والإيطالي فخرجت حورية البحر التي تربعت من لقاء ليلة واحدة على عرش قلبي، الذي مرت به الكثيرات ولم تستقرّ فيه أيّ منهن، ربما تستحوذ هيروديت على قلبي فأرتاح من الإبحار من مرسى لمرسى!

ياااااااه.. لماذا الآن يا هيروديت؟ لماذا سلبت عقلي وقد انتهى ما بيننا قبل أن يبدأ؟ هل تذكرين اتصالي عليك هاتفياً ونبرة صوتك المرحبة، وطلبك أن نتقابل لمزيد من التعارف؟

كنت كطفل اشتهى حلوى فوجدها أمامه. فرح بها وصار يصرخ من السعادة بقطعة الحلوى. من فرحي صرت أقفز في المكتب وأنا أحمل الهاتف فانتبه الزملاء وبصوت واحد قالوا لي ضاحكين: يبدو أنه حب جديد يا دون جوان؟

حقيقة، دون ادعاء، كنت وسيماً، أنيقاً ومحبوباً ورغم ذلك السخاء لم أكن محظوظاً في الحب، فكل اللاتي قابلتهن وهمت بهن كانت فورة الحب تلك تنتهي إلى الاضمحلال، ولا أدري هل العيب فيّ أم فيهن؟ أصبح قلبي، كما قالت لي أحداهن، مثل غرف الفندق يأتي إليها

المسافرون والعابرون ليمكثوا قليلاً للراحة، ثم يغادرون تاركين آثاراً ريثما تزول. لكن ماذا أفعل لقلبي إن كان رقيقاً ويخفق لكل وجه جميل وفاتن؟ هل يعني هذا أنني شخص مظهري؟ أؤكد أنني أهتم بالتفاصيل وأهتم بالعقل والثقافة. لا تأسرني المرأة الجميلة الفارغة كالطبل الأجوف، لكن لا سيطرة لي على قلبي، وآهٍ من هذا القلب العجيب.

عدت من عملي ذلك اليوم مبكراً لأجد فرصة كافية للتأنق والذهاب لمقابلة هيروديت سليلة كليوباترا النسخة الإيطالية الإثيوبية.

التقينا في المطعم الإثيوبي حسبما طلبت هي مني. جلست قبالتها بثقة مفرطة. طلبت هي من النادل إحضار القهوة الإثيوبية بطقوسها المحببة ومعها حلوى جوز الهند اللذيذة التي أحبها. كيف عرفت أني أحب حلوى جوز الهند؟

يبدو أنها جهزت كل شيء قبل مجيئي، لتحكم شباكها جيداً لاصطياد قلبي المفعم بحبها أصلاً، إذ لم يتأخر النادل وكأنه كان ينتظر إشارة منها ليأتي مسرعاً مع ابتسامة ذات مغزى.

تبادلنا حديثاً ودياً ثم سألتني مثل خبيرة تعرف ما تريد: ماذا تعرف عن إثيوبيا؟ حكيت لها ما أعرفه، ومن ثم عرجت بي على الثقافة والفنون والأدب. أدهشتني بثقافتها وحديثها بعربية ركيكة، آثرت أن تختمها بإنجليزية متقنة. كنت قد تأكدت تماماً بأني أخيراً وجدت ضالتي التي بحثت عنها بين بنات حواء؛ كما يبحث الصياد عن لؤلؤة في جوف البحر.

أرى جمالاً، بهاءً، ثقافةً، أناقةً ومرحاً، يا إلهي هذا كثير، قلبي لا يحتمل.

سرقتني بالحديث. لم ننتبه إلا وساعات الفجر الأولى تطرق الأبواب معلنة عن بداية يوم جديد. استأذنت على أن نواصل الحديث واللقاءات لاحقاً.

لم يكن يوم يمر دون أن نتحدث ونتبادل الحكي، لكني كنت أتعجب لأننا لم نتطرق لشكل العلاقة بيننا، كيف ومتى سأخبرها بنبضات قلبي المتزايدة يوماً بعد آخر؟ أتراها عرفت بحبي لها أم تراني تريدني أن أبوح لها لتتجاوب مع نداء قلبي؟

قررت في ذلك اليوم حالك السواد، أن أحدد علاقتي بهيروديت، فكيف نخرج معاً ونتبادل الأحاديث والضحكات والزيارات والهدايا.. بربكم ماذا تسمون هذا إن لم يكن حباً؟

هل علي أن أقول لمن أحبها، إنني أحبك وأهيم بك غراماً؟ ألا ترى ذلك في عيني وفي وجهي المتورد وحماستي للحديث والجلوس لساعات دون أن أملها؟ ماذا فعلت في دنياي يا إلهي حتى أعاقب بالحب ويصبح قلبي مثل محطات المطارات، ما إن تهبط طائرة حتى تقلع؟ هل أنا ساذج ويمكن الضحك علي بسهولة؟

هل أنا لقمة سائغة لبعضهن؟ لا أدري لكنني كنت مثل الريشة المعلقة في الهواء مع هيروديت، وهي لم تمانع. كانت تعلم تعلقي بها، لم توقف سيل حبي الجارف بل تلقته بفرحة.

لم تخبرني منذ البداية أنها متزوجة وأنها تنتظر حضور زوجها،

ليغادرا لأمريكا معاً، وأنني كنت مجرد لعبة في يديها تمضي بي الوقت. قطعة نرد تحركها يمنة ويسرة.

حينما علمت بذلك لم أعِ ما سمعت، صرخت في وجهها، لعنتها بكل لغات الدنيا لكنها لم تحرك ساكناً. هدأت ثورتي قليلاً ووضعت رأسي بين يدي أعيد التفكير في نفسي، كيف يحدث لي مثل هذا الأمر؟ جاءني صوتها الباكي وهي تعتذر لي من بين دموعها. ضحكتُ ضحكة هستيرية ولم أحر جواباً. تركتها في ذات المقعد وعدت للبيت. أغلقت علي غرفتي. بكيت كما لم أبكِ من قبل. بكيت بكاءً مُرّاً من هذا الخداع المتكرر، والذي لا أتوب من الوقوع فيه. هل يعقل وأنا ذلك الإعلامي الشهير الوسيم بشهادة الجميع، أن أقع هكذا؛ ضحية لنساءٍ مغامرات ونساءٍ يمتهنّ الحب مهنة، ولا يعرفن رفة القلب ولا لوعة العشق؟

يتخذنه هواية لتزجية الوقت واللهو وجني المال، والاستمتاع بالدعوات المتكررة للمطاعم والفنادق والهدايا؟

لعنت حظي العاثر وتمنيت لو أني كنت شخصاً عادياً، أو حتى شخصاً دميماً لأحظى بقلب إحداهن. توقف يا جمال! هل نسيت كم امرأة خدعتها باسم الحب والزواج، وكم فتاة شغفت بها حباً ثم تركتها تتعذب؟

عليك الآن يا دون جوان زمانك أن تشرب من ذات الكأس مرة ومرتين وثلاثاً، حتى تتعلم أن القلوب ليست لعبة، وأن الفتيات يملكن قلوباً ويحببن ويتعذبن مثلك تماماً، فكيف يمكنك أن تلقي بأحاسيسهن في القمامة؟

ذق أيها الوسيم المغرور نتيجة أفعالك، هل تذكرت كم من المرات كنت تضحك في غرفتك لأنك استطعت أن تخدع إحداهن؟

الآن، وفي ذات الغرفة، ابكِ دماً واصرخ كالأطفال، وهل الوسامة تكفي عن الرجولة؟

لك أن تعلم أن الرجولة مواقف، ولم تكن لك مواقف، فذق ما كنت تفعل.

كان صراخي مخيفاً ونفسي تعنفني، وقلبي يتمزق. بكيت وبكيت حتى انتشلني النوم من وهدتي تلك، لن أسامحك يا هيروديت، لن أسامحك أيتها الكاذبة المخادعة.

انتفضت وأنا جالس إلى الطاولة في تلك الحديقة المفتوحة، أراقب هذين الحبيبين وهما يتناجيان. أظن أنني أحسدهما على تلك السعادة الظاهرة من عينيهما، لكنني رغم ذلك لن أترك هذا الملاك لهذا الشيطان القابع أمامه.

صممت أن تكون هذه الزهرة لي وقررت أمراً، أسرعت نحوها أهدئ من روعها بعد أن التهم الكلب الجائع طعامها، كنت سريعاً بحيث لم أترك فرصة للرجل الجالس بجوارها أن يتخذ موقفاً، بل ظل فاغراً فاه في بله ظاهر وينظر إلي مندهشاً لجرأتي في تهدئتها!

اعتذرت لتطفلي وقفلت راجعاً إلى كافتيريا الطعام، جلبت لها سندوتشاً آخر وكأس عصير، ناولتها الطعام وأنا أعتذر عن تصرف الكلب الدنيء، يكفي أنه كلب، لكنه كان جائعاً ومعذوراً في حضرة الجمال!

ابتسمت لي من خلف نظارتها الشمسية، وشكرني حبيبها الذي يشبه الغول على تصرفي الذكي، لم أشغل بالي به، بل كان كل تفكيري وقلبي معها قلت لها:

ـ تفضلي.

تحركت يدها في الهواء لتأخذ مني الطعام تعجبت! شكرتني ومدت يدها لمصافحتي.

تعمدت أن أبعد يدي فطفقت تبحث عنها، أمسكت السندوتش بكلتا يديها، وبدأت تأكل، دعتني للجلوس لكني اعتذرت، سقطت دمعتان رغماً عني وقفلت راجعاً بخيبتي، فقد اكتشفت أن وردتي التي كنت أود القتال من أجلها كفيفة، وأني جبان لا أستحقها.

رجل بلا عنوان

ماذا بعد؟ ماذا ستكون الخطوة التالية.. بعد أن حطمتِ قلبي وتركتِني نهباً للشكوك في كل نساء الأرض؟ أنا الذي ابتليت بحبك وكان قدري المحتوم. هل يعقل أن ينتهي هذا الذي بيننا بهذه السرعة، وبتلك الطريقة؟ كيف أصدق بأنك استطعتِ أن تلقي بكل ذكرياتنا وحياتنا وحبنا في سلة مهملاتك، ثم تواصلين طريقك وكأن ما بيننا كان صدفة أو لعبة؟ هل حقاً نسيت كل ذلك؟ أشك في ذلك حقاً...!

أتذكرين؟ قبل خمسة أعوام مضت، كان الطقس شتاءً والجو غائماً، وكأن القدر سطر لنا هذا اللقاء الخاطف لنكون معاً. رأيتك في ذلك اليوم تتلفتين كأنك تبحثين عن شيء ضاع منك.

بديتِ لي خائفة وقلقة في آن واحد. هدأت من سرعة عربتي لأتمعن في وجهك الطفولي البريء، الذي جعل قلبي يخفق بشدة، وكأنني أرى امرأة لأول مرة. أوقفت عربتي أمامك مباشرة. اقتربت منك مستفسراً، لكنك تجاهلتني أو ربما فاجأك فضولي وجرأتي، فالتفتّ للجهة المقابلة.

لم أدعك. ازداد فضولي وعنادي. جئتك من الناحية الأخرى،

سألتك إن كنت تنتظرين أحداً، أجبتني بصبرٍ نافد:

- أنتظر أخي سيأتي حالاً.

- وأين ذهب أخوك؟

انتهرتني بقوة: وما شأنك أنت؟

- أود المساعدة.. الوقت مساء.

- سأذهب مع أخي، دعني وشأني..

- سأنتظر معك؟ المكان مزدحم وقد تتعرضين لسوء.

رددتني بجفاء مبالغ:

- لا. شكراً.

ابتعدت عنك ومكثت داخل عربتي أنظر إليك من بعيد مراقباً، وكأنك أصبحت جزءاً مني، لا أريد له أن يتأذى أو أن يصيبه مكروه. فكرت في حالي تلك طويلاً وفي السبب الذي دعاني للتشبث بالانتظار وعدم مبارحة مكاني، كأنما مسني طائف من سحر أو تلبسني جن.

طال انتظارك ولم يأتِ أحد، سمعتك تتحدثين بغضب على الهاتف، سارعتِ مبتعدة، خفت عليك الزحام.

لحقت بكِ. رجوتكِ مرة أخرى أن أقلك لمنزلك، لكنك رفضت بشدة. أذعنت أخيراً، تحت ثورة إلحاحي، على مضض. ربما أصابك اليأس من مجيء أخيك لكني طرت فرحاً، فالقدر يسطر لنا اللقاء ويرتب لنا طريقه.

سرنا في الطريق رفيقنا الصمت، كنت منزعجة وغاضبة، كأنك على وشك الانفجار، كنت أراقبك بطرف خفي، حاولت أن أخفف عنك قليلاً. أن أكسر هذا السكون الذي لفنا.

حدثتك عن الحياة والعمل وفصل الشتاء، حديثي كان غير مرتب ومرتبكاً، لكني أردت التخفيف عنك وحسب. أردت أن أكسر حاجز الصمت الذي وقف بيننا. كنت تنظرين للطريق والناس بلا مبالاة. ألححت عليك في السؤال: ماذا تدرسين؟ نظرت لي بشيء من التعجب:

- تخرجت في كلية الآداب قسم اللغة الفرنسية.

- اللغة الفرنسية لغة أنيقة، لغة صالونات، أجيد منها القليل.

- لغة أنيقة كأهلها.

فرحتُ عندما تجاوبتِ معي.. لم أصدق. أردت استغلال الفرصة لأعرفك أكثر. سألتك مرة أخرى:

- هل زرتِ باريس؟

- بكل تأكيد. باريس عاصمة الجمال.

- هل تجولت بها؟

- مشيت على أشهر شوارعها، الشانزليزيه، وصعدت أعلى برج إيفل إحدى العجائب في زماننا هذا.

- يا لك من محظوظة، أنا أيضاً زرت باريس مدينة الجمال والأناقة.

أخيراً نطق أبو الهول. بالطبع لم يبارحني التعجب من سرعة تحولك من شخص غاضب ومتحفز، لشخص آخر يفيض رقة وثقافة.

أوصلتك باب منزلكم ودون أن تلتفتي إلي شكرتني على عجل، واختفيتِ بالداخل. عدت أدراجي حافراً عنوان منزلكم على جدران ذاكرتي، غادرت المكان تاركاً قلبي بين يديك في ذلك المساء الذي تغيرت فيه حياتي. علمت منذ تلك اللحظة أنك ستكونين جزءاً من حياتي.

ترى ماذا تفعلين الآن يا سمر؟! هل ارتديت ثوبك القرمزي وجلست قبالة التلفاز لمتابعة مسلسلك التركي المفضل؛ وأنت ترشفين شاي الحليب مع الكعك المحلي، الذي تجيدين صنعه؟ هل تقرئين إحدى روايات الكاتب الإسباني كارلوس زافون التي تعشقينها؟ أم أنك الآن تبحثين عن رسالة تائهة في بريدك الألكتروني؟

هل تجالسين صديق عمري الذي غدر بي؟ بل غدرتما بي معاً؟ لا زلت غير مصدق أنك قد تجاهلت كل ما بيننا وبعتني بثمن بخس، لقاء إرضاء غرورك. كيف تمكنتِ من نسياني؟ كيف طاوعتك نفسك على هجري بهذه الطريقة الغريبة؟ هل حقاً أنت سمر؟ أم صورة عنها؟

أيكون قلب الأنثى مثل العربة، يمكنه أن يحمل حبين في آن واحد، أم أنه الانتقام والتشفي؟ هل أحببتِ صديقي بالفعل، أم أن ما فعلته كان رد فعل منك؟ هل ما زلت تحبينني؟ أم أنكِ بتّ تكرهينني ولا تطيقين سماع اسمي أمامك؟ أرجوك قولي لا. قولي إنك لم تحبي غيري.

عندما أوصلتك في ذلك المساء عدت وأنا أكاد أطير من الفرح. لا شيء سيوقف هذا الشلال الهادر من السعادة، هل يمكن أن يقع أحدنا في الحب دون مقدمات.. دون إشارات، أم أنه ترتيب القدر؟ هل يمكن أن يجد الواحد منا فتاة أحلامه تنتظره على الرصيف؟ أن يقوده قلبه وإحساسه حيث تقف منتظرة؟ أكاد لا أصدق!

أسأل نفسي دوماً: كيف استطاعت سمر أن تغير بوصلة حياتي، وأن تنثر عبير السعادة على قلبي الخاوي؟ ثم كيف استطاعت بكل يسر أن تميل بقلبها عني وتتركني أصارع أمواج قلبي المتعب وحدي؟

دلفت لبيتي وأنا أتقافز كطفل، لا أكاد أصدق. رمقتني أمي بطرف عينها متسائلة عن سر هذا الفرح.

طَبَعتُ قبلة متعجلة على جبينها دون أن أرد على السؤال المتوقف في فِيها. اختفيت داخل غرفتي حتى لا تفضحني عيناي أمامها، وهي التي ما فتئت تحذرني من السير خلف قلبي الضعيف، دون أن أضع للعقل حساباً. أتعلمين أني مذ عرفتك يا سمر تغيرت حياتي؟ تسارعت وتيرة الأيام منذ أول لقاء؟ كيف عبرنا المصاعب لنبقى معاً؟ كيف تجولنا في الطرقات بلا هدى؟ كيف ارتشفنا القهوة على شارع النيل، تصحبها الضحكات والأمنيات؟ هل كان كل ذلك حلماً؟ أم سراباً خادعاً حسبته حقيقة؟ كنتِ دوماً بين أحاديثنا؛ أنا وصديقي جمال. حدثتُه عنك كثيراً وعن تولهي بك. سخر مني ومن سذاجتي، فالنساء لا عهد لهن ولا قلب في قاموسه.

كنت أرد عليه: إلا سمر!

- يا صديقي لا أظنك إلا مريضاً بسمرك هذه.

- سمر حبيبة القلب التي غيرت موازين حياتي.

- لا تكن ضعيفاً يا عزيزي؛ فالنساء يكرهن الرجل الضعيف.

- هذا ليس ضعفاً.

ـ ما هو إذن؟

ـ حب وعشق ولا أستطيع منهما فكاكاً.

ـ على رسلك يا رجل، هب أنكما افترقتما ماذا ستفعل حينها؟

ـ أرجو ألا يأتي هذا اليوم لأنني سأترك الدنيا حينها.

لكننا افترقنا يا سمر، صدَقَ جمال وكذبَ إحساسي. ظللت بين الحياة والموت شهوراً، وأنا أغالب نفسي حتى أتمكن من تصديق ما حدث. كيف طلبتِ الطلاق، وكيف وافقتك عليه؟ كيف نطقتُ بكلمة واحدة كانت سبباً في كل ما حدث بعد ذلك من كوارث متتالية وانكسارات وخيبات.

افترقنا ولم نعد كما كنا، هل تلاشى ذلك الإحساس أم أنه كان وهماً؟ لم يكن حباً.. كيف لي أن أصدق ذلك.

هل أخطأنا معاً أم أخطأت أنت حين تمسكت برأيك. أم أخطأت أنا حينما طاوعتك في لحظة كبرياء زائف، ونطقت بتلك الكلمة الفاصلة؟ أردت أن أقدم لك اعتذاراً استثنائياً لتعودي لي، بل لنعود معاً لحياتنا وحبنا.

ابتعت لك أسورة. طلبت من الصائغ أن يكتب عليها اسمك، وفي محل الزهور، رسمت قلبينا على باقة الزهر الطبيعي.

رأى صاحب المحل فرحتي واستعجالي، قال لي بصوت حنون: يا بني شفاك الله من العشق فهو داء عضال.

لم أنتبه لإشارته. خطفت منه أزهاري مسرعاً نحو العربة، أدرت

المسجل لتنساب أغنية ود الأمين التي تعشقينها، وحياة ابتسامتك وحياة عينيك.

كنت مزهواً وفرحاً أردد مع المغني كلمات الأغنية، وأطلق صفيراً عالياً أكاد أجزم أن الناس في الطرقات قد سمعوني وعلموا أني عاشق، فالعشق مثل الجنون أحياناً.

كدت أطير فرحاً وأنا أحمل إليك حبي وهداياي ونفسي، لنعود مرة أخرى زوجين بعد فراقنا لعام كامل، كان ثقيلاً على نفسي، كتم أنفاسي وجعل قلبي فارغاً كفؤاد أم موسى.

كان قدري ينتظرني أمام بيتكم. أوقفت عربتي بعيداً وهممت بالترجل بعد أن أعددت لك مفاجأة، لكنك كنت أسرع مني وفاجأتني. لم تقو قدماي على حملي، وأنا أراه يدخل مع والديه تسبقهم زغاريد الفرح. صرخت كالمجنون: أهذا جمال أم شُبه لي؟ ماذا يفعل في منزل سمر؟ هل جاء ليصلح بيننا ويقنعها بحبي لها لتعود إلي؟ هل جاء ليخبرها كم تعذبت بفراقها، وكيف أصبح المنزل خاوياً لا روح فيه بعدها؟ هل جاء ليخبرك يا سمري أني قد وضعت صورك في كل زوايا المنزل حتى لا تغيبي عني؟

جئت أفاجئك ففاجأتني بزواجك من صديق عمري.

لا أدري كيف فعلها جمال الذي كان يواسيني عندما افترقنا. بكيت كطفل فارقته أمه ولم يكمل بعد فطامه، بكيت حتى جفت مقلتي.

- لا تبك يا رجل على حب ضاع. عليك أن تبحث عن حب آخر، انْسَها يا صديقي كما نسيتك.

كنت أنظر إليه متعجباً ومتسائلاً:

ـ كيف تريدني أن أنسى سمر، وبأي قلب أبدأ من جديد وقد أخذت قلبي معها؟ هل يمكن أن يتبدل القلب بتلك السرعة؟ أن يجد البديل ويركل من كان يوماً كل شيء في حياته؟

لم أكن أعلم أنكما تخططان لقتلي والسير في جنازتي؟ كيف لم أحس بأن جمال يخفي عني أمراً وهو يحثني على نسيان سمر؟

الآن فقط عرفت يا سمر لمَ لم تعطني فرصة لأشرح لك موقفي، وعرفت الآن فقط لم لا تردين على مكالماتي المتتالية الحيرى.

كنتما تنسجان مشنقة تعلقانني فيها بسذاجتي وجهلي. لا أصدق أن من كانت زوجتي تتآمر علي مع صديق عمري، الذي استأمنته على أمري.

كنت مريضاً. مرضت بك ولما تعافيت يا سمر طرت إليك تحملني الأشواق.

لا أدري كم من الوقت مر وأنا أستعيد شريط حياتي معك. تلك الحياة التي لا يسعني الآن أن أصفها بأنها كانت سعيدة أم شقية، بعدما تكشفت لي خبايا نفسيكما.

أحببتك رغم أنانيتك، ظننت أن الحب يصلح كل شيء حتى النفوس، كنت مخطئاً، ظللتِ في عنادك ودلالك وتمنعك.

كان حبي يغفر لك ما تفعلين. ظننت أن الأيام ستعيد إليك رشدك وصوابك، فقد كان زواجنا مبنياً على حب، أو هكذا ظننت، كنت أسيراً لجمالك وجاذبيتك، كنت امرأة طاغية الأنوثة. أتدرين؟ قرأت

ذات مرة أن المرأة طاغية الأنوثة عبءٌ ثقيلٌ على الرجل، لأنها تتعبه وتقلقه وتجعله يعيش في غيرة دائمة وشك قاتل.

يتغير قلبه كلما دخلت أو خرجت لمكان ما. عرفت الآن فقط صحة هذا القول، وأن الذي قاله قد اكتوى مثلي من أنثى طاغية متجبرة.

هل تظنين أن الطغيان في الحكم فقط؟ هل تعتقدين أن الديكتاتورية في السلطة فقط؟ إنها في الحب أيضاً. لقد أسرتني وملكتني.

حاولت كثيراً أن أتخلص من هذا الحب الغريب، الذي يشعرني بالاستعباد والذل. كنت تعلمين عشقي لك، فأنت امرأة جاذبة، مثقفة وتملكين ناصية الحديث، تديرين حوارات في الأدب والثقافة والسياسة، كنت مرحة، تنثرين الفرح في أرجاء بيتنا الصغير، كنت امرأة كل المواسم وكل الفصول، أحببتك لأنك لستِ كبقية النساء.

ماذا حدث حتى افترقنا هذا الفراق الفاجع! نعتني بالخائن! نظرت إليك صامتاً، لم أدافع عن نفسي، قدمت حبنا شفيعاً بين يديك، لكنك رفضته. يا لقسوة قلبك يا سمر.

ألم تجد غير صديقتي؟ كان صراخكِ عالياً، كنت غاضبة. أشعلتِ المكان بغضبك. لا أدري كيف لم أرد عليك وصمت ولم أحر جواباً فظننتِ أنك على حق.

صدقيني لم أحببها؛ تلك التي نعتني لأجلها بالخائن، فالقلب لا يحب اثنتين في آن، لكنها كانت ملاذي ساعة غضبي وحزني، كنت منشغلة بنفسك وهي حاصرتني، وارتضيت هذا الحصار والاهتمام.

كنت أعلم أنني مخطئ لكنني احتجت أن أفلت من قبضتك قليلاً. أن أتنفس دون أن أجد من يعد أنفاسي، أن أظل أنا في دائرة اهتمامك، بل كل اهتمامك وليس جزءاً من اهتماماتك. أن أفرض سطوتي على امرأة لا أشعر بضعفي معها.

كانت نزوة. ندمت عليها. ليتك تعلمين كم تعذبت بفراقك. ليتك تعلمين كم كرهت نفسي؟! كانت قسوتك مؤلمة، لم أستطع إرجاعك لي. كلما وضعتك مع امرأة أخرى تفوزين عليها وتظلين أنت مالكة قلبي.

قررت حين رأيتك أول مرة أن تكوني لي. لن يأخذك أحد غيري، وقد كان، وفي غمرة انتصاري بالظفر بك نسيت اهتماماتك الأخرى، وظننت أني سأملأ عليك حياتك فلا تلتفتي لشيء آخر. عشت معك أجمل لحظات عمري، وفي غمرة انشغالي بكِ تركتني. حيرني فراقك، شتتني، ضيعني وبعثرني.

تغيرت بعدك الأشياء. أظلم المنزل، وتغير لون الشمس في عيني. تركت الطيور الغناء في حديقة منزلنا، ذبلت الأزهار وجفت أوراق الشجر وظل مكان جلوسك في الحديقة كما هو لم يتغير. روايتك التي كنت تقرئينها ما زالت على المكتب في ذات الصفحة التي تركتها. عطرك ما زال يضمخ المكان. ثيابك بذات ترتيبها داخل خزانتك. خاتم الزواج الذي خلعته بقوة وكأنك تتخلصين من عبءٍ ثقيل، يرتمي هادئاً أمام المرأة لم يحركه أحد.

لم أعد أهتم بعدما صفقتِ الباب خلفك وغادرتِ باكية. أحسست أني طعنتك وأني لا أستحقك في تلك اللحظة.

حدثتني نفسي أنك حتماً ستعلمين وستغفرين. خاب ظني، لم أكن مستعداً لهذه اللحظة، ردة فعلك القاسية فاجأت توقعاتي فذهلت.

أفقت من صدمتي. طفقت أبحث عنك. لم أجدك. تركت فراغاً عريضاً لن يملأه أحد سواك.

حاولت إصلاح ما بيننا لكنك أصررت ورفضت العودة.

جئت إليك لكنك هربت مني، لاحقتك بالمكالمات والرسائل ووعدتك بإخلاصي وقدمت اعتذاري.

لم تردي. ظننت أنك تنتظرين عودتي، وأن ما تفعلينه دلال وتمنع، لكنه كان انتقام الأنثى.

كنتِ أسرع مني، ربطت مصيرك بصديق عمري! هل كان هذا أمراً مرسوماً ومخططاً له؟ أم أنه كان مصادفة أن ترتبطي بصديقي؟! هل أردت أن تسقيني من ذات الكأس حتى أذوق طعم الخيانة؟

كانت الأيام التي أمضيتها بعيداً عنك بائسة وحزينة، لم أنم نوماً مريحاً ولم أعمل عملاً جيداً. كنت مشتتاً ومنهكاً، تعصف بقلبي الذكريات. أستعيد تفاصيل حياتنا معاً، وضحكاتك العالية ووجهك الجميل.

ما أقساك يا سمر. ما أقسى على الرجل أن يرى المرأة التي أحبها مع رجل آخر. مؤلم أن يفكر في ذات تفاصيل حياتهما معاً. أين يتنزهان؟ وفي أي مطعم يتناولان الطعام؟ وفي أي زاوية من زوايا المنزل يحتسيان قهوة المساء؟ هل تقرئين له إحدى الروايات،

التي صدرت حديثاً، أم تقرضينه الشعر وتتغزلين في لون عينيه؟ هل أطلقت جدائلك أم جعلتها معقوفة كما تحبين؟ هل تشاهدان التلفاز معاً، وتعلقين كعادتك على الأحداث؟ أم غيرت طبيعتك وصرت سمر أخرى بوجه جديد وقلب جديد؟

آهٍ يا سمر. ليتك تعلمين كم مزقت قلبي وتركتِني بلا عنوان. أنا رجل بلا عنوان. فقدت عنواني يوم فقدتك وما زلت أتساءل هل أحببتِني يا سمر حقاً؟ أم كان محض ارتباط عابر لا يعني لك شيئاً؟ مجرد محطة توقفتِ بها لتواصلي مشوارك مع آخر؟

خيانة

لا أدري كيف طاوعتها وأخذت منها تلك الأسطوانة ذات الأغاني الماجنة لأستمع إليها.

لا أدري كيف امتدت يدي وسحبت منها ذلك الشيء عندما قالت ضاحكة:

- رفهي عن نفسك. فكيها شوية.

أدخلتها بسرعة في مسجل العربة وأدرتها، خرجت منها أغان كفحيح الأفعى، لم أميز شيئاً منها. كانت الموسيقى صاخبة. تعلو الصرخات على الكلمات المبتذلة والماجنة.

- كيف أستمع لهذا الضجيج؟ كيف سمحت لي نفسي أن أؤذيها بهذا التلوث السمعي؟

داخل سيارتي كنت وحدي لكني كنت أتلفت يمنة ويسرة مخافة أن يراني الناس أتمايل مع هذا المجون.

ضغطت بسرعة على زر التوقيف لأسكت تلك الجلبة. انتحيت جانباً وأنا أتصبب عرقاً.

تركت نفسي تغادرني قليلاً على أن أعود لطبيعتي.

يا لهول ما فعلت يا هالة!!

كم من الزمن مر وأنا بصحبة هذه الفتاة الضاحكة للحياة دوماً. سنوات؟ شهور؟ أيام؟

لا أدري.. كل ما أعرفه هو أنني أصبحت رهينة لنجوى، أسمعها وهي تمازحني.

ـ هالة خليك بسيطة. الحياة ما عايزة كدا. ما تصعبيها على نفسك.

أبادرها بالسؤال:

ـ ماذا تقصدين؟

ـ أقصد أن تكوني طبيعية. دعي عنك هذا التجهم وقناع الالتزام الصارم الذي ترتدينه.

أجيبها ضاحكة:

ـ قناع؟

ـ أجل. هل يمكنك إخباري، لماذا تكرهين الحياة وتظلين وحيدة دون رفيق؟

بغباء ممتزج بدهشة أصرخ:

ـ رفيق؟!

ـ هل خرجت عن الدين؟ نعم رفيق! الحياة لا تريد منا أن نتصبب

عرقاً كلما عشناها وكشفنا خباياها. أعطي نفسك فرصة، انزعي عنك هذه القطعة. ودعي شعرك مسترسلاً، اتركيه للهواء، يغازله ويقبل النسيم وجنتيك المتوردتين.

صرخت فيها: كفى.. أصمتي رجاءً.

ماذا تريد مني هذه الماجنة؟! أتظن أنها يمكن أن تجرني لذلك المستنقع الآسن الذي تعيش فيه وتدعي أنها تعيش الحياة؟

أية حياة هذه؟ كيف لها التمادي معي هكذا؟ كأني لم أرها مصادفة ذلك اليوم وهي تجتهد لتلتقي به بعيداً عن أعين الناس. تأتي ضحكاتهما من بعيد مكتومة من الخوف. أتريد مني العيش هكذا مثلها؟! وتقول لي هذه هي الحياة؟

إذا كانت نجوى تعيش في مستنقع فكيف ارتضيت مرافقتها وصحبتها؟ إنها فتاة صادقة وصريحة فقط.

أرى حديثاً طويلاً في عينيها، لكنها تكتفي بتدخين سيجارتها المعتادة بشرهٍ غريب.

أبادرها بالسؤال:

- أهذه هي الحياة التي تعيشينها يا نجوى؟ ما هذه الفوضى التي تحيط بك؟

وكأني بها قادمة من بعيد ترد علي بنصف ابتسامة:

- اسمعي يا هالة. أريد أن أعيش حياتي بالطريقة التي تعجبني! وابقي أنت على تزمتك لأرى أين سيوصلك هذا الطريق. لقد أخذت

الحياة كل أحبابي ولن أدعها تأخذ ما تبقى لي، ولن أجلس لأندب حظي، سأعيش حياتي كما يحلو لي.

ـ كيف؟

ـ بالحب! أتدرين ما هو الحب؟ بل هل تعرفين الحب؟!

ـ نعم أعرف الحب، لكن ليس كما تعرفينه أنت، ما تفعلينه ليس حباً. أطلقي عليه اسماً آخرَ لكنه ليس حباً.

ـ سمه ما شئت، لكنني لا أستطيع العيش دون الإحساس بأن هنالك من يهتم بي ويسأل عني ولو تظاهراً .

كنا طرفي نقيض. هي تحب الحياة بكل صخبها ولهوها ومتعها. وأنا أتحرك بتمهل وحذر في حياة كلها أشواك، ورغم ذلك نحن صديقتان نلتقي ونفترق على وعد اللقاء.

لم أكن أقوى على مجاراتها في أسلوب حياتها، لكنني أعترف أنني أحب صداقتها ومرافقتها، كانت تسري عني كثيراً، فمنذ أن رحل عني زوجي في رحلته الأبدية كرهت الموت والحياة معاً.

مضى سريعاً كأنما بينه والموت موعد. لم نقل كل ما نريد. ذهب وبقايا حديث في فيه لم يكتمل بعد، كان حبنا استثنائياً، حسدني عليه صويحباتي، كل يوم يمر يزداد تعلق بعضنا ببعض لدرجة أني خفت من فقده، حقاً كان هذا إحساسي.

أضحك أحياناً حين تتهمني نجوى بأني لا أعرف الحب. كيف هو

الحب إذن؛ إن لم يكن هذا الذي بيني وبين طارق.. آه! هو ليس حباً فقط، إنه هيام. عشق لم تكتمل فصوله.

أخفى عني إصابته بداء السرطان الغادر، ولما استفحل المرض وأكل رئتيه لمته وأنا أبكي ألماً وخوفاً من فقده في أية لحظة.

صرخت من خوفي عليه:

- لماذا لم تخبرني بمرضك؟ لماذا لم تجعلني أعيش معك الألم؟ لماذا تحملته وحدك؟

- لم أشأ أن أعكر عليك صفو الحياة

- وهل تصفو الحياة بدونك؟

- هالة.. اسمعيني جيداً، لو قدر لي الموت أرجو أن تتزوجي، ما زلت شابة.

قذف كلماته في وجهي دونما اكتراث لمشاعري المتأججة نحوه، وصراخي ألماً مما يعانيه.

- بالله عليك، ماذا تقول؟ وكيف سمحت لك نفسك بأن تقول ما قلت الآن؟!

- إنها الحقيقة يا هالة، لم يتبق لي الكثير لأعيشه وقد ظلمتك معي حين أخفيت عنك مرضي، وربما يرتاح ضميري إن نفذت وصيتي.

صرخت في وجهه:

- لا.. أرجوك اصمت.

ـ هالة تعقلي وكوني واقعية، لا يمكن أن ترهني شبابك لشخص ميت ولن يأتي مرة أخرى، حبيبتي فكري في كلامي بهدوء، ليس الآن بالطبع.

من بين دموعي أجبت:

أرجوك لا تتركني وحدي أتخبط في هذه الحياة، كيف أعيش بدونك، بل كيف أحتمل فكرة ألا أراك بجواري؟ أحمل منك ثمرة لا أريدها أن تأتي للحياة ولا تجدك فيها.

ـ فات الوقت يا هالة، انتشر الداء وليس من سبيل لوقف زحفه.

تنهمر دموعي على وجهه فيمسحها مداعباً:

ـ عيناك غابتا نخيل ساعة السحر، وضفتان نام عندها القمر.

أبتسم من بين دموعي:

ـ من سيتغزل بعيني غيرك؟ لقد ملأت عيني فأضحيت لا أرى غيرك.

يظل دوماً مبتهجاً بالحياة لا يكترث للموت، يخوض معاركه بحب لا يخذل من يأتيه محتاجاً، كان شمعة تضيء دروب الآخرين.

لماذا لم أفكر بأن مثله لن يتركه الموت، فهو يختار ضحاياه بعناية فائقة، كيف لم أعرف أن طارق ليس من أهل الدنيا، بذلك الضياء المنبعث من وجهه، بتلك الابتسامة التي لا تفارق ثغره، بذلك الجمال الذي يكسو نفسه؟

يا لهذا الموت الغادر. إنه لا يستأذن منا بل يأتي بغتة يستل ضحيته من بيننا ويغادر تاركا لنا الوحشة والألم والحنين.

في إحدى أمسيات شهر ديسمبر الباردة دعاني طارق للعشاء بمطعم يطل على النيل بكامله، كان مشهد النيل ليلاً فائق الروعة، والإضاءة المنعكسة عليه تكسبه بهاءً وجمالاً .

قال لي طارق وهو ينظر لدهشتي بجمال المنظر: تمتعي بنعم الله عليك وتأملي النيل سليل الفراديس، واستنشقي منه هواءً نقياً، إنه معجزة لم نحسن صونها. يا للنيل وروعته وجماله! وددت لو أني غصت في مياهه لأغتسل من وجعي الآن لكن الوقت ليلٌ، وحتماً سآتي لأغوص في مياهه يوماً.

قلت:

ـ كيف لم نحسن صونه؟

أجابني بحماس: لم نحسن استغلاله كما يجب، لم تهتم به الجهات المختصة في الدولة ليصبح معلماً سياحياً يجذب إليه السياح من كل مكان في العالم. نحن نقتله بتلك النفايات التي نلقيها عليه، وتلك العشوائية في استخدامه. نهر النيل أسطورة أفريقيا العظمى. يتضاءل وينكمش خوفاً منا. تم حرفه وتضييق مساره، ومنذ أن خلق الله الكون يجري هذا النيل في مجراه الطبيعي ويتمدد، لكننا حاصرناه وضيقنا عليه المسار، وأخاف أن يأتي عليه يوم فيغضب منا، وغضبه ربما لا يحتمل.

لم أرد عليه، تركته يسترسل فهو يعشق النيل، يأتيه في الأمسيات وفي الصباح الباكر، ليرى بزوغ الشمس من ضفته بعد أن تغتسل بمائه وتهب الدنيا الضياء.

طارق والنيل حكاية عشق لا تنتهي، يقول لي إن النيل يشتكي من عقوقنا.

أسأله:

ـ وهل يتحدث النيل؟

ـ يتحدث لمن يفهمه.

ـ وهل تفهمه أنت؟

رد ضاحكاً:

ـ بالطبع يا عزيزتي أفهمه وأحاوره.

نظرت ملياً للنيل وودت لو أني أفعل لأجله شيئاً، أحسست في تلك اللحظة أن النيل يبادلني النظرات، وأنه يستغيث بي لأحميه وأطهر باطنه من تلك النفايات الملقاة بجوفه. عادت بي الذكرى لتلك الأسطورة التي قرأت عنها في الكتب، تقول إن الفراعنةكانوا يقدمون أجمل الفتيات قرباناً للنيل حتى يهدأ من ثورته وفيضانه الكاسر، وتخيلت أن تلك القرابين ما زالت إلى اليوم تقدم للنيل، إذن ستخلو البلاد من الفتيات الجميلات، وسيبتكر الناس أساليب خادعة لإخفاء الفتيات وترويض النيل.

ضحكت دون أن أشعر، فانتبه طارق الذي كان بدوره يلتقط صوراً نادرة للنيل.

تناولنا العشاء وأعقبناه بفنجالين من القهوة التركية التي أعشقها، وطفقنا نعيد ذكريات لقاءاتنا وكيف كنا نبني في الخيال عش أحلامنا.

سألني مختبراً:

هل تحققت أحلامنا يا ترى؟ أسرعت أجيبه:

- نعم حبيبي جلها تحقق، الحمد، هل ترى خلاف ذلك؟

- قطعاً لا؟ ويكفي أنك تجملين البيت بوجودك وتزهر أحلامنا معاً.

- لا تعلم يا حبيبي كم أنا ممتنة لك بسعادتي.

- إن كان لي من رجاء في هذه الحياة فهو أن يطيل الله عمري لأرى أطفالنا من حولنا.

انقبض قلبي فجأة لكني قلت متشاغلة عن نظراته العميقة:

ـ ستحيا يا حبيبي ونرى أطفالنا يكبرون أمامنا وستفرح بهم كثيراً.

ضحكنا في تلك الليلة كثيراً، كان طارق يطيل النظر إلى وجهي وكأنه يراني لأول مرة، أو كأنه يخاف فقدي.

شعرت بالخجل يلفني وأطرقت، رفع وجهي بيده مغازلاً وهامساً: أنت لا تدركين كم يشقيني بعدي عنك ولو قليلاً، لا أستطيع احتمال فكرة فقدك يا هالة.

نظرت إليه بدهشة:

- لماذا تقول هذا، هل تشعر بأني سأموت قبلك؟ طفرت دمعة من عينه وقال بصوت خافت: بل أنا، بل أنا. بصرخة لا شعورية قلت له:

ـ ماذا قلت؟ ابتسم وأجابني: لا عليك يا عزيزتي إني أمزح

فقط. وقبل أن أرد عليه أسكتني بإشارة منه وغير الحديث لأعماله التجارية، والجهد الذي بذله في الفترة السابقة لتستقر أعماله ويشتهر اسمه في السوق.

تحدث كثيراً كنت أستمع إليه دون أن أقاطعه، شعرت بأنه يريد أن يفرغ ما بقلبه، وأن يتحدث عما يشغله، وقبل أن نغادر المطعم أهداني خاتماً ذهبيّاً يتوسطه حجر الفيروز، الأخضر.

ـ أدري أنك تحبين الفيروز، لقد اخترته خصيصاً لك.

لم أتمالك نفسي فبكيت وتخضل وجهي بالدموع، قلت له من بين دموعي:

ـ لا أستطيع أن أكافئك على هذا الحب. أجد نفسي عاجزة عن إعطائك مثلما تعطي. قل لي بربك؟ ماذا أفعل لمثل هذا الفيض المتدفق من المشاعر والأحاسيس؟!

ـ لا عليك يا عزيزتي، فالذي يعطي بصدق لا ينتظر الرد، أعطيتك نفسي فهل أبخل عليك بما سواها، يكفيني فخراً أنك زوجتي وستكونين أم أولادي.

لم أكن أدري أن تلك الليلة كانت ليلة وداع من نوع خاص، آثر أن يسكب مشاعره فيها، وأن يجعلني أحلق عالياً في سمائه.

كان رجلاً حقيقياً وصادقاً، عرفت معه معنى العطاء، دون أن ينتظر رداً لهذا العطاء، إنه يعطي لأجل العطاء، يجد متعته في مساعدة الغير، وإنفاق المال على من يحتاجه، يكرس وقته لحل المشاكل، المال لديه وسيلة لا غاية.

- نحن نجمع المال يا عزيزتي لننفقه لا لتخزينه، نعطيه لمن يحتاجه ونجعل منه درجاً يوصلنا للجنة، لهذا أجتهد لمضاعفة أموالي لأن المحتاجين في هذه البلاد كثر.

كان يسابق الموت ليضاعف سعادتي، لم يكن يشغله عني سوى عمله الذي ما إن ينهيه حتى يأتي راكضاً للبيت، باحثاً عني في أرجائه، يناديني بصوت عالٍ حتى يجدني، فيأخذ بيدي ويطيل النظر لوجهي، كأنما يخاف أن يفقدني، هذا ما كنت أحسه آنذاك لكن في حقيقة الأمر كان يخاف علي من فقده، كان يعرف أنه مفارق، وأن ذلك الداء اللعين قد انتشر في جسده.

يطيل التحديق حتى تغرورق عيناه بالدمع كأنه طفل فقد أمه، فآخذ برأسه وأضمه إلى صدري حتى يهدأ من ذلك النشيج المؤلم، يرفع رأسه ويقول لي:

- اغفري لي يا هالة.

أرد عليه في دهشة: أغفر لك ماذا؟ ماذا فعلت لي غير السعادة؟ فهل أغفر لك سعادتي معك؟ أغفر لك حبي لك، إحساسي الطاغي بك؟ ماذا أغفر لك؟ الآن عرفت ذلك الخوف بعينيه وذلك الألم الذي يعتريه، إنه الإحساس المخيف أنك ستفقد من تحب دون علامات وإشارات لما سوف يأتي، كان يتألم وحده وهذا ما زاد حزني عليه.

تعتريه اختلاجات ويرتجف جسده وهو نائم، كنت أعزو ذلك لشدة إرهاقه في العمل، لكنه كان يتألم وحده، ويجهد نفسه لكتمان ما يشعر به، هل كان هذا خوفاً علي أم شجاعة، أم أنها أنانية منه، لأنه لم يشركني فيما يخصه؟

لماذا لم يخبرني بمرضه هذا؟ كيف احتمل كل هذا العذاب وحده. ولماذا أخفاه عني؟ كنت أفكر في كل ذلك كلما انفردت بنفسي، لماذا لم يخبرني طارق بمرضه؟ هل كان يخاف أن أرفضه وأنا التي أحببته حباً ملأ علي جوانب نفسي؟! كيف يقسو علي بهذه الطريقة؟ كيف يحتمل وحده ألماً مريراً كهذا دون أن يصارحني إلا بعد أن نهش الداء جسده، ولم يقو على المقاومة؟ عندها أخبرني مضطراً، وليته لم يخبرني، أحسست بأني تائهة ومعلقة بين السماء والأرض وحتماً سأهوي من ذلك العلو الشاهق وأتفتت إلى أجزاء صغيرة تماماً مثل مرآة ألقى بها شخص غاضب.

في ليلة مظلمة غاب عنها القمر انقطع فيها عنه شريان الحياة، ولم يستجب للتنفس الاصطناعي. بذل الأطباء جهدهم لإبقائه حياً. تهاوى رغم كل تلك الأجهزة المتصلة بجسده.

جحظت عيناه وهمد جسده من بعد قوة، ارتميت عليه صارخة..

- أرجوك يا طارق لا تتركني وحدي ألاطم أمواج الحياة دون قارب نجاة، فأنت قاربي وأنت حياتي فكيف أحيا بدونك؟ انتظر ابننا القادم أو خذني معك.

لم يجب. كان الصمت سيد الموقف.

لفني الحزن. كرهت من بعده الحياة. انزويت في منزلي انتظاراً لقدوم ثمرته أتعزى بها من طول الأيام ومللها.

أصبت بملل غريب، لم أحر له سبباً ولم أجد له دواء، عزفت عن الناس وماتت رغبتي في الحياة من بعد طارق، ذلك الإنسان

الملاك الذي أحال حياتي إلى مفاجآت ومغامرات وسعادة ظننت أنها لا تنتهي، أحسست أني كنت في حلم قصير وجميل وفجأة صحوت على حقيقة الموت، الموت الذي غافلني وكان يضحك من سذاجتي وفرحتي وهو يتربص بي، ليخطف مني سبب سعادتي في هذه الدنيا.

كرهت الحياة ولولا أني أحمل بعضاً من طارق لكنت لحقت به، سئمت العيش وودت لو أني سبقته موتاً.

اعتراني الخوف من مجابهة الحياة وحدي واعتصرني ألم حاد، هل سأحيا طويلاً من بعده؟ وهل سأضحك مرة أخرى؟ عندها فقط، جاءني فارس. ذات الوجه والعينين، ذات النظرات الساحرة التي تنظر بعيداً نحو الأفق وكأنها تنتظر غائباً سيعود.

رباه! غادرني شاباً وهاهو يعود طفلاً لأبدأ معه حياة جديدة.

كانت الأيام والشهور طويلة وثقيلة قبل أن يجيء فارس ويقلب حياتي رأساً على عقب.

كرت مسبحة الأيام، ونسيت نفسي بوجود فارس، وفي خضم الحياة قابلت نجوى.

فتاة طويلة القامة حنطية اللون، عيناها حزينتان رغم الضحكات التي تطلقها عالياً بعد كل حديث، مثقفة، متحررة وواقعية، تحيا اللحظة دون أن تفكر في الغد. لا أدري هل هذا أمر جيد أم أنه نوع من اللامبالاة، ومع ذلك أحببتها رغم تناقضنا، تبعتها رغم خوفي منها.

لا أدري كيف؛ ومتى التقينا؟ ما أعلمه أنها أصبحت جزءاً مني لا أستطيع الفكاك منه مثل الهواء الذي أتنفسه.

رغم حبي لها كنت أكره جرأتها وصراحتها الواضحة بصورة مخجلة أحياناً، وأكره فيها تبرجها واستهتارها، ومع ذلك أحب استمتاعها بالحياة؛ تفعل ما لم أستطع فعله.

- نجوى ممكن تهدي شوية من الجري السريع دا؟

- لازم أسبق الحياة حتى لا تنتصر علي.

- لن تستطيعي حيالها فعل شيء، كل ما تفعلينه هراء.

رغم تناقضاتها وحياتها التي تبدو لي غريبة، إلا أنني أخاف فقدها. ربما لأنها تستطيع أن تقول الذي يدور في نفسي حين أخجل أنا من النطق به.

وددت لو هرولت حافية القدمين مطلقة لشعري العنان لينطلق من محبسه، وربما أردت الاكتحال لتبدو عيناي أجمل، فمنذ أن غادرني طارق لم أكتحل حزناً عليه.

اليوم فقط -بعد سنوات طوال وبعد أن استقام فارس رجلاً- وقفت أمام المرآة التي أخفيتها داخل مخزن المنزل حتى لا تغويني. أخرجتها اليوم، نظفتها ولمعتها جيداً، أضحت لامعة، نظرت لقوامي المتناسق وشعري الذي تغزل فيه طارق كثيراً .

فككت جدائل شعري، غزته بعض الشعيرات البيضاء، درت ضاحكةً، نظرت لعيني ووجهي، انطفأ ذلك التوهج والالتماع في عيني، كم من الزمن مر لم أر وجهي في المرآة؟!

تغيير طفيف وشعيرات بيضاء تزاحم السواد هنا. وجهي شاحب قليلاً، غسلته ووضعت عليه مرطباً ثم أتقنت مكياجي.

ضحكت من نفسي وتذكرت يوم أحضرت لي نجوى علبة مكياج طالبة مني أن أقوم بتغيير وجهي ذي الشكل الواحد منذ وفاة طارق. رمقتها بقسوة وألقيت العلبة، لكنها رفعتها في تحدّ واضح قائلة؛ سيأتي يوم تحتاجينها. سأضعها لك في درج التسريحة.

أعجبني شكلي فغمزت لنفسي في المرآة، أطلقت ضحكة صغيرة وقلت لنفسي هل جننتِ يا هالة؟ لكن الجنون استمر بعد ذلك، فقد فتحت خزانة الملابس التي نسيتها تماماً واخترت أجمل ثوب من ثيابي وارتديته.

وقفت طويلاً أمام المرآة. هل حقاً المرآة صديقة المرأة؟! أخرجت عطري الأثير ورششته على ثيابي وعنقي، حتى ملأ عبيره الغرفة. جلست على حافة السرير أتطلع لصوري وذكرياتي مع زوجي.

ياه! كم من الزمن مر علي وأنا رهينة المحبسين، الحزن والخوف؟

هاتفت نجوى التي جاءت مسرعة متسائلة عما أصابني، لكنها فوجئت بمظهري الجديد، أطلقت صفيراً عالياً:

- مباااالغة. لكن من زمان وين التغيير دا؟ إلى أين العزم يا ترى؟

- في المنزل فقط.

- حرام عليك، إن الله جميل يحب الجمال.

- لكن لم يقل بعرضه للغاشي والماشي!

- خلاص يا الشعراوي جينا للفتاوي؟!

- لا. ليست فتاوي لكن لكل شيء حدود.

- ما علينا. حاولي عيشي حياتك بالطريقة البتعجبك بس عيشيها صاح.

- حاضر، أنا فكرت في اقتراحك.

- أي اقتراح؟

- الزواج.

- يَسْ! أخيراً نطق أبو الهول وتحرك من مكانه، يا للفرحة.

كنت أراقبها وهي تقفز في الغرفة جيئة وذهاباً، تضحك ثم تصمت وتسألني بجدية:

- من هذا الذي استطاع أن يحرك قلب أبو الهول؟ هيا أخبريني أيتها الماكرة، كيف أكون صديقتك وتخفين عني مثل هذا السر الخطير وأنا التي كنت أستجديك لتتزوجي مرة أخرى؟

كانت فرحتها عارمة، فرحت لهذا الفرح الصادق من نجوى وقلت لها: الآن لا أحد، لكن ربما قريباً، لكني خائفة يا نجوى.

- مِمَّ تخافين؟

- من فارس، إنه لا يحتمل أن يشاركه معي أحد. هل سيتقبل الأمر قبولاً طبيعياً؟ وكيف سيكون رد فعله؛ وهو يعلم أن والده توفي قبل أن أنجبه وإني كرست حياتي له وحده؟

ـ هذه طبيعة الحياة، لا شيء ثابت، كل شيء يتغير، حتماً سيفهم الأمور جيداً في وقتها.

هل حقاً تأثرت بنجوى؟ لماذا لم أستجب لتوسل أمي بالزواج من قبل، وهي تحذرني من ابني الذي سيمانع عندما يكبر؟

لم أهتم كثيراً للأمر، توالت الأيام، وتمضي الحياة برتابتها وفجأة ودون مقدمات، يخفق قلبي مرة أخرى، كلا لم يخفق، بل فاق من سباته العميق لسنوات، لا.. لا.. بل تغلب على حزنه الطويل على حبيبي، الذي فارقني بسرعة، بت أقلق من فقد أحبتي، هل يمكنني أن أتابع حياتي مرة أخرى وأشعر بذات الإحساس، وأعطي نفس المشاعر التي أعطيتها لطارق؟

هل يمكنني ذلك؟ وهل يستحق أحد بعده أن يحتل قلبي؟ هل أحلم أم إن ما أحس به حقيقة؟ كيف لي أن أنسى طارق ولو حزنت عليه العمر كله؟

مهلاً، مهلاً. ألم تكن وصية طارق أن أتزوج بعده وأعيش حياتي؟ ألم يتوسل أبوه لي لأتزوج مرة أخرى؟ ألم تبكِ أمه أمامي طالبة مني ألا أدفن نفسي؟ ألم تخاصمني أمي أياماً عديدة حتى أوافق على واحد من العرسان الذين تقدموا لطلب يدي؟ ولما تأكد لها ثباتي على موقفي الرافض للزواج مرة أخرى، استسلمت للأمر الواقع ولم تشاورني في الزواج مرة أخرى.

لكن ماذا حدث لي الآن؟ هل حقاً أحببت؟ هل حقاً نسيت طارق وحياتي السعيدة معه؟

لم أصدق ذلك، أنا التي رهنت حياتي لابني الوحيد؛ ماذا حدث لي؟ وكيف انفتحت مغاليق قلبي العصية مرة أخرى وسمحت لذلك الفارس النبيل بالدخول دون استئذان على صهوة جواده الأبيض؟ (ما زلت أتساءل عن سر الفارس على صهوة الجواد الأبيض)، تتردد دوماً هذه الخرافة في القصص والروايات حتى بتنا نصدق أن هنالك فرساناً يأتون ممتطين صهوات الجياد ليختطفوا حبيباتهم ويغادروا إلى حيث السعادة.

هههه.. لا أدري ماذا دهاني.

كيف تحرك قلبي بعد سكونه الطويل؟ لا أدري.. لكنني أعلم أنني يقظة وما أصابني ليس حلماً، أو مساً من جنون، بل حقيقة.

التقينا مصادفة في أحد المؤتمرات الاقتصادية، كان يقدم ورقة وقدمت بدوري مداخلة، هل كانت مصادفة أم أن القدر أراد أن يجمع بين قلبينا في ذلك المكان الرسمي الجاد؟ انتهز فرصة الاستراحة واقترب مني، كنت أتحدث بالهاتف. وقف أمامي ريثما أنهي مكالمتي. وقفت مرحبة.

أشدت بمحاضرته العلمية وبدوره أثنى على مداخلتي، أسهب في الحديث عن الاقتصاد العالمي وما ينتظره من انهيار وشيك ستذوب بسببه الطبقة الوسطى، وتتطاول الطبقة الثرية وتسحق الطبقة الفقيرة. إنه عالم المصالح المشتركة، والشراكات الرأسمالية المتوحشة ولا مكان للدول النامية.. دول العالم الثالث التي تجاهد لتعيش.

أعجبني حديثه لكنني استأذنت معتذرة للحاق بموعد آخر، ناولني بطاقة تعريفية أخذتها على عجل وغادرت.

لم تكن مفاجأة لي عندما التقينا ثانية، وكأن القدر يدبر لنا اللقاءات ويجبرنا على البوح بما تخبئه القلوب. هذه المرة كان أكثر جرأة في طلب يدي، بل وأكثر إصراراً، ولما رأى الدهشة ترتسم على ملامحي عاجلني بسرعة:

ـ لست على عجلة من أمري، خذي وقتك؟ لكنني أردت أن أطرق الحديد وهو ساخن.

ـ لكنك لم تتعرف علي بعد وأنا لا أعرف عنك شيئاً!

ـ يكفيني ما عرفته وهل ينتظر الحب حتى نستأذن منه؟ وأنت يمكنك أن تسألي ما شئت لتعرفي ما تجهلين.

صدمتني صراحته وجرأته وأعجبتني ثقته بنفسه، طلبت منه مهلة ريثما أفكر في الأمر، قال لي مازحاً: لا تدع الأنثى تفكر لأنها ستغير رأيها حتماً. ضحكت من قوله لكنه أردف ساخراً:

ـ إن أردت أن تحظى بقلب امرأة فتعلم أن تفكر مثلها، هذا ليس قولي لكنه قول أحد الفلاسفة وأظنه صدق.

لم يبخل علي سامي بكلمات الحب، بل بثها على مسامعي وجعلني أحلق فوق السحاب موعودة بالسعادة بقرب من أهوى.

ـ هالة.. علينا تحديد موعدٍ للزفاف.

ـ أعطني فرصة لأخبر فارساً.

ـ فارس مثل ابني، دعيني أخبره أنا.

- أدري أن علاقتك به حميمة، لكنه لا يعلم أنك تود الزواج بأمه.

- دعي لي هذا الأمر، لكل مشكلة حل، لا تنسي أني رجل اقتصاد أجيد وضع الحلول للمعضلات. قالها ضاحكاً وممازحاً.

وهكذا طفق سامي يضع الحلول ويشرح الأسباب ويقرب الأمثلة ليوافق فارس على زواجنا وقد كان.

كان سامي رجلاً صادقاً ومرتباً، يعرف ماذا يريد وكيف يصل إليه. أحببته حقاً. سألت نفسي مراراً هل ما فعلته يندرج تحت فعل الخيانة لذكرى زوجي الذي مرت على وفاته سنوات طوال، أغلقت فيها قلبي عن مباهج الحياة؟

هل كان طارق سيضحي بعمره من أجلي إن سبقته رحيلاً؟! أسئلة كانت تلح على خاطري دون أن أجد لها إجابة.

لكن رغم ذلك عشت سعادة غامرة مع سامي، لم أحلم يوماً بأنني سأعيشها من بعد طارق، لكنه القدر الذي يسطر تفاصيل حياتنا، لم يعكر صفو حياتي سوى تلك التساؤلات والذكريات والإحساس العميق بأني خائنة كلما نظرت لوجه ابني الذي يطابق وجه أبيه.

جريمة

تلفق له كل التهم والجرائم وتلصق به كل الفتن، وتأتي الحرائق من تحت تدبيره، جل حروب الكون كانت بسببه، أول جريمة في الكون كانت من تدبيره، لكن لا نعلم إلى الآن -ومنذ بدء الخليقة- هل هو بريء من كل التهم الموجهة إليه، أم أنه مذنب ويستحق العقاب؟ الحب.. ذلك الذي بسببه خرجت بدرية من منزلها منتصف الليل، بعد أن حزمت حقيبتها وقررت في سرها أمراً. يممت من تحب، ضاربة عرض الحائط بنصائح أمها ودموعها وتوعد أبيها وزمجرته وصوته الذي يشبه فحيح الأفعى من كثرة التدخين.

خرجت دون أن تعلم أنها ربما جعلت من أسرتها أضحوكة بين الجيران، وأن إخوتها سينكسون رؤوسهم بين الناس ولن تُسمع لهم كلمة وهم من هم بين رجال القبيلة. خرجت بدرية لا تلوي على شيء، خرجت بعد أن أكملت خطتها للفرار من سجن والديها وكثرة أوامرهما المحذرة، لا تفعلي هذا، اتركي هذا، لا تقولي مثل ذلك، هل لأنني خلقت أُنثى. صمت أذنيها عن كل شيء وخرجت دون أن تربطها حبال التقاليد أو تأسرها العادات التي تقول إن على المرأة أن تكون في انتظار الحبيب والزوج لا أن تبحث عنهما.

انسربت مثل اللص في منتصف الليل، لا ترى أحداً سواه، تنظر فقط باتجاهه، لم ترعبها الكلاب الضالة والجائعة ولا هوام الليل وصرير أصواتها المخيفة، ولا الذئاب البشرية التي تقتات في مثل هذه الأوقات على كل شارد أو ضال، ولا ارتعبت من طول الطريق الموحش ولا الصمت القاتل.

ليس هناك صوت تسمعه وتنصت له سوى صوت وقع قدميها ودهسها الحشائش الجافة. ظلت تمشي ورفيقها القمر وحقيبة ثقيلة تحملها على ظهرها، وخيال ووجه من أحبت يبتسم لها طول الطريق.

لم تكن هي بدرية حين خرجت، ولم تكن تلك الفتاة الجميلة البريئة مضرب المثل بين الأهل. لم تكن هي نفسها؛ تلك الفتاة التي تخاف من كل شيء، أين خوفها، أين رقتها، أين براءتها؟ تركت كل ذلك خلفها وولت دون أن تلتفت للماضي، دون أن تنتظر من بدرية البريئة أن تراجعها في قرارها، قررت وحسب، وهاهي تنفذ قرارها وستحتمل عقباته مستقبلاً.

كان عليها الوصول قبل بزوغ الفجر، حتى لا يكشف ضوء الشمس جريمتها. تورمت قدماها من طول المشي، بلغ منها العطش مبلغه لكنها لم تتوقف، يحدوها الأمل وترن في أذنيها كلماته المعسولة:

- لا تخافي سنكون مثل روميو وجولييت.

تجيبه:

- ولكنهما ماتا قبل أن يكتمل عشقهما.

يجيبها بثقة:

- إذن لنكن مثل قيس وليلى بيد أنه لن ينفصل بعضنا عن بعض.

إنه هناك. ينتظرها بعد أن أفرد لها الأمل أجنحة تسافر بها عبر غيمة خريفية لتصل إليه.

كانت تجد السير ولا ترى سوى وجهه المبتسم، ولم تكن تسمع سوى وعوده لها بحياة مزدانة بألوان قوس قزح، حياة كلها سعادة وعشق وهيام.

لكن متى كانت الوعود تنفذ تحت سطوة الرغبة؟!

وقفت على الطريق العام بعد مشقة، تشير بيدها لمركبة عابرة في هذا الوقت المبكر، أخيراً توقفت لها عربة امتطت ظهرها. كانت العربة مليئة بالركاب، تنفست الصعداء فقد أصبحت الآن بأمان وبعيدة جداً عن ملاحقة والديها وإخوتها وربما بقية أهلها. كانت مرهقة استندت برأسها على حافة العربة ثم ذهبت في غفوة خفيفة.

ترى الآن بوضوح، بيتهما المرتب النظيف المعد لاستقبالها يحوي كل ما تريد وتتمنى.

ملابسها الملونة الأنيقة، التي اختارها لها بحب، ورتبها بعناية فائقة في خزانتهما، لم ينس حبيبها العطور الباريسية الفخمة والنادرة، التي جلبها لها وزين بها طاولة المرآة.

آهٍ.. حتى بخور الصندل المعطر لم ينس أن يجلبه لها، رائحته تملأ المكان، إنها تشمها من بعيد. ماذا تبقى يا ترى؟ أحضر لها بعض العرائس الملونة وعلقها جوار المرآة، اشترى أزهاراً بلاستيكية

صغيرة الحجم ونثر أوراقها على أرضية الغرفة، عطر الأرائك والمقاعد والملاءات وغرف المنزل، بسط لها رمالاً بيضاء على طول الطريق لمنزلهما، وزع بعض أزهار الليلك والياسمين عند عتبة الباب، وعلق عليه خرزة زرقاء خوفاً من العين والحسد.

وضع كل الأطعمة التي تحبها داخل الثلاجة، لم ينس الحلوى والشوكولاتة والآيسكريم، لذا صبرت بدرية على طول الطريق ووحشته وجوعها وعطشها رغبة في مشاركته الطعام والشراب.

أخبرته أنها تحب ماء القلل، فأتى بواحدة وضعها تحت شجرة المانجو الظليلة وغطاها بقماش شفاف، منعاً للغبار وأوراق الشجر المتناثرة، ماذا تبقى؟!

آهٍ؛ لطالما تمنت أن تغير اسمها، إنه لا يتلاءم معها، سماها أبوها بدرية، على اسم والدته وفاءً لذكراها وحباً لها، لكنها كرهت هذا الاسم وتمنت بعد أن تستقر أن تغيره لاسم جميل ورنان، هيام مثلاً، أو ياسمين أو شذى أو حتى روان، المهم اسم جميل وحديث، لا يذكرها بالماضي الذي عاشته ولا اسم بدرية القديم، وافقها بالطبع على ذلك، هل تبقى شيء؟ لا شيء البتة.

توقفت العربة فجأة، انتبهت من غفوتها وحلمها الجميل، غادرت العربة إلى محطة المواصلات، ابتاعت لها تذكرة وصعدت إلى المركبة، استغرقت رحلتها ثلاث ساعات مرهقة، لم تستطع أن تستجلب النوم رغم ما تشعر به من رهق.

اقترب الموعد، حيث ينتظرها حبيب العمر، إنه يستحق هذه

المغامرة الطويلة والمرهقة، اقترب الوعد وتهيأت لإتمام الرحلة وحدها، يحدوها الأمل والرجاء في حياة الحرية والحب والسعادة، بعيداً عن جو الخوف الذي تعيشه بمنزلها.

ارتدى ملابسه وتعطر بعطرها المفضل، نظر لنفسه في المرآة طويلاً، هو يعرف كم هو وسيم، ويعرف أيضاً كيف يحرك مشاعر النساء نحوه ليس غروراً ولكنها الثقة، غمز لنفسه وأطلق صفيراً عالياً ومميزاً ووضع يديه في جيوب بنطاله وقفز قفزة انتصار.

لطالما انتظر هذه اللحظة، وخطط لها طويلاً والآن سيقطف ثمار انتظاره الطويل.

وقف يستقبلها أمام الباب. من بعيد تراءى له طيفها المنهك من طول الطريق والسفر، وصلت منهكة وعيونها منتفخة من أثر الإرهاق والسهر.

استقبلها بشوق وأخذ بيدها للداخل، رغم تعبها وحاجتها للنوم أدهشها جمال المنزل والترتيب وتلك الرائحة المميزة، التي اخترقت رئتيها فشعرت بخدر لذيذ، وتلك الموسيقى الخافتة لمقطوعة طالما أحبتها، وبدا أنها ستنام على المقعد.

لم تعد قادرة على مقاومة النعاس، لم تُبدِ رد فعل بعد أن ارتشفت عصيراً بارداً سوى إشارة عاجزة ومتسائلة عن مكان تنام فيه، ثم تحكي له بالتفصيل كل ما حدث لها خلال رحلتها إليه.

دخلت غرفتهما. عشهما الصغير، الذي طالما حكى لها عنه وملأ نفسها بالشوق والأمل لرؤيته.

أعجبها المكان وتلك التفاصيل الصغيرة، التي قد لا يلتفت إليها أحد، لكنها زادته مكانة في قلبها، ولأنه يحبها جداً فقد صنع لها هذا القصر الصغير ليعزز حبهما معاً، أحبت تلك التفاصيل، جالت بنظرها على أرجاء الغرفة، الإضاءة الخافتة، العرائس الملونة، صورتها المعلقة على الجدار.

تلك الرائحة العطرة التي تنسرب من مبخرة مليئة بأعواد الصندل، لون الغرفة، إنه لونها المفضل، والوسائد الموزعة على السرير، وبعض الأشرطة الملونة المربوطة بإحكام بقوائم السرير تتحرك بهدوء، رغم نعاسها شعرت بالأمان والفرح والرغبة الملحة في النوم، شدت عليها ثيابها واستلقت على السرير. دخلت في نوم عميق كأهل الكهف.

كان هو منشغلاً بتحضير الطعام. جهز لهما سفرة متنوعة الأشكال، وجلس يرتشف فنجاناً من القهوة ريثما تستيقظ ويتناولا طعامهما معاً.

طال انتظاره. لكنها لم تستيقظ، ذرع الصالة جيئةً وذهاباً، عزف مقطوعة موسيقية بصفيره، غنى بصوت عال ونقر بأصابعه على السفرة والأواني ليوقظها ذلك الإزعاج، لكنها لم تسمع شيئاً في نومها ذاك.

لما عجز عن طول الانتظار قرر إرواء ظمئه!! ودون تعذيب ضمير وخوف على من وهبته قلبها، ودون تفكير في تضحيتها وهروبها من أهلها لأجله، وربما تقتل على يد أبيها أو أحد إخوتها إن عثروا عليها، لم يؤنبه ضميره ولا حاول استرجاع تلك الذكريات الجميلة ووعده لها بالأمان والإخلاص مدى الحياة، وقسمه المغلظ لها، بأنه سيكون أباً وأخاً وصديقاً وزوجاً محباً.

دون أن يفكر في كل ذلك، قضى على ما تبقى منها، ارتكب جريمته دون أن يرمش له جفن، انقض عليها، استيقظت مذعورة، أصابها الرعب.

قاومت، صرخت، ضربته على وجهه ليبتعد، لكنها كانت خائرة القوى من التعب وطول الطريق، وبات هو كصخرة جامدة وثقيلة، ولما رأت آثار الجريمة ووجهه الذي يشبه وجه ذئب جائع بالقرب منها، أطلقت صرخة مدوية.

انهارت على أثرها كل تلك الأحلام والآمال وقصور الرمال، صرخة مرعبة كانت كافية بأن توقظها من نومها العميق مرة أخرى.

نظرت حولها بخوف وتوجس لم تجد أحداً بجوارها ولم تسمع صوتاً كان المنزل هادئاً كأنه خاوٍ على عروشه، أين أنا؟ وماذا حدث لي؟ تحسست ثيابها ونظرت ملياً لنفسها، نظرت لحقيبتها تحت سريرها الذي تنام عليه، أنارت مصباح غرفتها نظرت لنفسها في المرآة مرة أخرى لتتأكد أنها بخير. تحسست عيونها المنتفخة من أثر النوم، أرجعت شعرها للوراء وعقفته بشريط ملون، تحسست جسدها جيداً:

ـ يا الله.. هَأنا لم يحدث لي شيء، إذن ما الذي رأيته؟ وكيف عشت هذه التجربة المريرة؟

تساءلت وقبل أن تجيب على نفسها أعادت ترتيب ملابسها داخل خزانتها وعدلت عن فكرة الهرب لحبيب قد يغدر بها دون رحمة.

حمدت الله أنها لم تهرب بعد، رغم الخطة المحكمة التي وضعاها

معاً، وأنها ما زالت في بيتها وداخل غرفتها، وأن ما رأته لم يكن سوى حلم مزعج وكابوس أقض مضجعها في ليلة غاب عنها القمر، حمدت الله على خوف والديها وقسوة إخوتها، رغبة في حمايتها وحباً لها لا قهراً وعنفاً، كما أوحى لها ذاك الحبيب المنتظر أو كما ظنت هي.

تراجعت عن الهرب إليه، وتركته جالساً على أريكة الانتظار الطويل.

أموت وحيدة

بعد حياة صاخبة لا هدوء فيها، أراني الآن منسحبة من هذه الحياة وحيدة، سجينة، طريدة. وبذلك الهدوء الذي كنت أهرب منه وأتحاشاه كيلا تؤنبني نفسي وأسمع همسات قلبي الخائفة.

كيف أصبحت هكذا هيكلاً عظمياً ملقىً على أحد أسرة مشفى يفتقر للنظافة والصحة؟ لطالما كنت متأنقة أحب الإبهار في كل شيء. أيكون هذا مصيري ومنتهاي؟! أتقاسم مع القطط ذات المكان كريه الرائحة؟! أشتم رائحة الموت المنتنة تقترب مني رويداً رويداً، ولا أجرؤ على كتم أنفاسي حتى لا أستنشقها.

ياه...! يا لهذه الحياة الغريبة، تعطينا كل شيء، حتى إذا استأنسنا وفرحنا بعطاياها، جاءت بغتة لتسلب منا ذات ما أعطتنا بقوة تجعلنا نصاب بالدوار.

البرد والعزلة وظلام موحش يحاصرني ومحاولات مستميتة لإعادة الماضي، لكني لا أستطيع سوى انتظار الموت.

لم أعد أصدق أن الحياة تمنحنا هداياها طواعية بلا ثمن، لقد دفعت ثمن ما منحته لي الحياة غالياً جداً.

أصرخ في غرفتي القصية بهذا المشفى كريهة الرائحة. ناديت إحدى الممرضات لتعطيني كوباً من الماء.

يا للغرابة لا أحد يجيبني، وأنا التي كنت بإشارة من أصبعي يأتيني الجميع يطلبون رضاي.

ـ تباً لك أيتها الممرضة القبيحة، لماذا تأخرتِ كل هذا الوقت لتعطيني جرعة ماء؟ أيتها اللئيمة ما رأيتني وأنا في أوج جمالي وفتنتي والجميع يتهافتون علي. ليتني أستطيع الحراك من هذا المكان لأوسعك ضرباً على قلة ذوقك.

أحادث نفسي كلما ناديت إحداهن وتماطلت، لتحركني في هذا السرير الذي كرهت تكومي فيه، مثل كيس قمامة مهمل. أود لو أنني أستطيع الحركة لو كنت كذلك لضربتهن ورميتهن خارج غرفتي.

أيعقل هذا؟! هل أصبحت ككوم القمامة؟ هل أضحيت مثل الشبح؟ هل صرت خرقة بالية لا قيمة لها؟! أين جمالك يا غادة؟! أين سحر عينيك وتورد وجنتيك؟ أين تلك القامة الفارعة التي كنت تباهين بها بنات حواء؟

أين ذهب جمالك يا غادة؟ أكاد لا أصدق! أدري أنهم حاقدون، حتى أولئك الذين جاءوا بي إلى هذه المزبلة المسماة زوراً مستشفى.

أضاعوا مالي وجمالي وزينوا لي الحرام وأغلقوا عني كل نافذة للتوبة والرجوع، ثم جاءوا بي إلى هذه المزبلة، وعادوا ليتابعوا جرائمهم التي لا يعاقبهم عليها القانون، وهل يُعاقب القانون على الغواية؟!

سأموت إذن على هذا السرير القذر، بل أنا أكثر منه قذارة. يكفي أنه احتمل استلقائي عليه، أنا التي لم أترك من الحرام شيئاً، فعلت كل ما يخطر على بالكم برضاي، كأنني منومة مغناطيسياً، يبدو حديثي الآن لا فائدة منه حتى مع نفسي التي سولت لي الباطل.

لم يعد في العمر بقية، وما بقي سيصبح حائط مبكى على شباب لم أصنه فغدر بي. أنظر الآن لحياتي أراها تمر أمامي كشريط سينمائي وأنا جالسة في صالة العرض. هل أنا تلك الفتاة اللعوب التي تتمايل كالغصن الغض؟ ما هذا؟ أهي سيجارة مخدرة؟ لا.. لا أصدق.

أهذه خمرة؟ لا.. لا.. هذه لست أنا. إنها شيطانة. اغربي عن وجهي وإلا حطمتك. هل أبكي؟ هل أنوح؟ وماذا يفيد البكاء والنواح بعد الآن؟

هل أتجرع سماً حتى أنهي حياتي المخزية؟ يا الله كن رحيماً بي فأنا لا أحتمل. كنت أضحك لانتصاراتي ومغامراتي.

أضحك سراً على ضحاياي وكلما أوغلت ازددت نشوة وقوة، تتناثر علي الأموال كالمطر، وأمشي فوقها بقدمي ضاحكة وساخرة بكل من يعترض طريقي نحو الثراء والقوة والحرية.

لكني كنت ليلاً عندما أخلو بنفسي وحيدة أعدو كفأر مذعور داخل غرفتي، ثم أرتمي جثة هامدة.

أنسى عند الصباح ما حل بي ليلاً وأعاود الكرة مرة أخرى، كان الخوف يعتصرني والهلع يفقدني صوابي مما سيأتي. كان قلبي يتآكل وشجاعتي تتضاءل لكنني أتظاهر بالقوة والتماسك.

منذ ذلك اليوم الذي طردني فيه أبي وصفق باب بيتنا في وجهي، لم أعد إليه ولم يعد يعنيني في شيء من أمر أسرتي التي تبرأت مني ومما أفعله.

هل أنا مخطئة؟ هل أنا فاجرة؟ لماذا لم تضمني أمي؟ ولماذا كان يضربني أبي؟ كيف تركوني أغرق في هذا الوحل وحدي؟

كنت كلما ازدادت ضربات أبي على جسدي أزداد عناداً وتشفياً أبكي دماً تحت وقع الضربات القاسية، كنت أخرج بعد هذا دون أن ألتفت لأحد وأذهب لأحتسي خمراً كثيراً، أنسى به آلامي وأتحاشى النظر لدمائي السائلة من فيَّ وظهري، بل من كل مكان زلزله سوط أبي القاسي.

كنت أحتسي زجاجة خمر كاملة، وأسب أبي وأمي وأهلي جميعهم. هل أجرمت أن خُلقت جميلة؟ وهل يصبح الجمال لعنة تطاردنا أينما حللنا.

ما زلت أذكر تلك اللحظة المؤلمة عندما ضربني أبي وجرني من شعري ملقياً بي في الشارع صارخاً بأعلى صوته: لست ابنتي، اغربي عن وجهي أنت شيطانة. لقد كسرتِ ظهري، يكفي ما سبّبتِه لنا من فضائح.

لم يسمع توسلاتي ولا رق قلبه لنواحي؛ أخرجني وصفق الباب بقوة كأنما تخلص من عار ظل ملتصقاً بهم طويلاً.

يخافون نظرات المجتمع، لكنهم يتجاهلون نظراتي المتوسلة عمداً، يخافون على مراكزهم وسمعتهم، لكن لا يعنيهم أن أموت في الشارع أو أن أصبح فاجرة بعد أن تخلصوا مني ضرباً وطرداً وقبلها حبساً.

وجدت نفسي في الشارع، ماذا أفعل؟ لم أشعر إلا وأنا محاطة بتلك الأوبئة من كل جانب.

الآن جاءت اللحظة التي كنت أهرب منها وأهابها وأخشى مواجهتها، أدري أن نهايتي اقتربت ولكن أليس من توبة؟ هل يمكن أن يقبل الله توبتي بعدما عصيته في السر والعلن؟ هل سيقبل رجوعي إليه ـوأنا خاوية من كل شيءـ هيكلاً عظيماً ملقىً على ركن قصي بأحد مشافي الدرجة العاشرة في بلد غريب هربت إليه واتخذته بلدي بعدما استحال العيش في بلادي التي تنكرت لي؟

ياه..! كم غررت بأناس لا ذنب لهم، وكم سخرت ممن أحبوني بصدق، أغراني جمالي وشبابي فتماديت في غروري، كيف يحتكرني شخص وأنا بهذا الجمال والبهاء؟ تباً للزواج. لن أرضى بأن أكون خادمة لأحدهم. ولن أفقد قوامي الممشوق بسبب طفل.

هم من سيخدموني ويلبون مطالبي وسيركعون أمامي طالبين رضاي، سولت لي نفسي أنني ملكة الكون وهؤلاء الرجال يتحلقون حولي مثل الفراشات، يستجيبون لمطالبي ويعطونني قبل أن أفصح عن رغبتي. ظلمت أناساً لا يستحقون سوى التقدير، وكرهت البعض ممن يستحقون الحب وأحببت ممن كانوا سبباً في بؤسي ونهايتي.

والآن يا غادة! هَأنت تتكومين وحدك كالقمامة، وتتعفنين في انتظار نهايتك، لا زوج ولا طفل يخفف عنك قسوة هذه الوحدة؟

إلهي.. هل من مغفرة؟ هل من رجوع؟ هل تشفع لي دموعي ومرضي؟ هل تشفع لي وحدتي وكآبتي؟

خدعتني الحياة، لهثت خلفها فغدرت بي. أعطتني أجمل ما فيها وسلبتني أجمل ما عندي. كيف أموت هكذا وحيدة دون أن يواسيني أحد؟ ولماذا أظل في هذا المشفى الذي يشبه المقبرة؟ وكيف يحجزونني فيه طوال هذه المدة؟ من الذي أعطاهم المال لإقامتي؟ ومن الذي حرضهم ضدي، يا لهوانك يا غادة، أصبحت مثل كلب أجرب يتحاشاك الجميع.

هل أهرب من هذا المستنقع؟ لكن كيف والمرض يأكل أطرافي فلا أستطيع حتى تناول كوب ماء دون مساعدة، يا لهذه الدنيا، كيف تغدر بطلابها؟ كيف تهرب منهم حين يحتاجونها؟

إلهي ماذا أفعل الآن؟ لا أريد الحياة.. أرجوك يا إلهي خذني إليك وعذبني كما تشاء، فأنا أستحق العذاب، لكن قبل أن أموت؛ أريد أن أكتب خطاباً لأبي وأمي وإخوتي علهم يعفون عني، وأتبرع ببيتي الوحيد ليكون داراً للمشردين أمثالي، حتى ألقاك ولو بحسنة واحدة.

إلهي اغفر لي، فأنا الآن أموت وحيدة وغريبة لا أهل ولا أحبة.

أيها الموت كن رفيقا بي في وحدتي وغربتي.

الوهم

لم تكن زياراتها منتظمة للقرية، لكنها عندما تأتي تمكث أياماً وليالي عديدة بحجة العلاج. لم يعد للطب طلب فقد احتكرت العافية -وهذا اسمها-مهمة التطبيب بالزار لأن يدها مبروكة كما تدعي نساء قريتي.

في إحدى زياراتها المفاجئة للقرية كنت منهمكة ذلك اليوم في الغسيل، حينما خرجت أمي من غرفتها تجر ثوبها في عجلة وضيق سألتها: إلى أين؟ أجابت باقتضاب: إلى العافية!

- العافية؟ تساءلت بدهشة: ومتى جاءت؟

- منذ الصباح الباكر

- لكن يا أمي..

خرجت أمي مسرعة وبقايا تساؤل لا يزال عالقاً في فيَّ! تركتني أستجمع ذاكرتي لأعرف سر العافية، وسر الزار، وأفك طلاسم عالمه المخيف. شاهدت حلقات زار عُقدت لعلاج مريضات بالهوس والوهم وأخريات لا أدري مرضهن. نعيش أحياناً وهماً كبيراً نصنعه بأنفسنا ونصدقه ونعيش بداخله. نأبى الخروج منه حتى لا نتعرى أمام الحقيقة فنُصدم.

نحيت الملابس جانباً وتسللت خلف أمي دون أن تراني، إلى حيث التجمع الكبير في حضرة العافية، حشرت نفسي في بيت منيرة التي لم تنجب لسنوات طويلة، حتى فكر زوجها بالزواج مرة أخرى، فوقعت في وهم المرض الذي ليس له علاج إلا عند العافية، فأرسلت أمها لتجلب لها شيخة الزار. اندسست بين النسوة اللاتي تقاطرن عليها، ليجدن العلاج عند الشيخة عافية، هكذا ينادونها؛ الشيخة؛ امرأة في نهاية العقد الخامس، قوية ضخمة. ملامحها أقرب لملامح الرجال لولا بقايا عطر بلدي زكي الرائحة، يفوح من بين ثيابها، ودهن عطري خضبت به رأسها، لكنت حسبتها من جنس الرجال.

حادة النظرات كصقر يهم بالانقضاض على فريسته، صوتها جهوري آمر. ضرباتها على ذلك الجسم الضخم المصنوع من الطين المطبوخ وجلد الماعز المدبوغ، والمسمى (الدلوكة)، كانت صاخبة ومتتالية، لا تتوقف إلا حين تنادي بصوت مخيف مخاطبة أشخاصاً لا نراهم: أولاد ماما! بشير الحبشي! الخواجة! أسماء مخيفة.. كانت تستحضر الجن إذن، إنها امرأة لا تخاف هذا العالم الخفي، وتطلق عليهم الأسماء لعلها ليست أسماءهم الحقيقية.

تساءلت: هل يمكن أن تكون شيخة الزار هذه مخادعة توهم النساء بما يردنه لتسترزق من جهلهن ووهمهن المصنوع من خيالهنَّ؟ هالني ما رأيت وأنا أتحدث مع نفسي.

رأيت أمي وسط النساء الراقصات، ترتدي طربوشاً أحمر اللون، كذاك الذي يلبسه المصريون في عهد الأتراك والباشوات، تحمل عصاً في يدها وتطلب خاتماً يسمى (دق الجنيه)، وهو خاتم مصنوع من

الذهب الخالص، منحوت على جانبه وجه أحد القساوسة الإنجليز، وعلى جانبه الآخر رسم لبعير نافر. لا أدري ما العلاقة بين هذين الرسمين! ولم أعرف إلى الآن سر ارتداء العروس والمرأة الوالدة لهذا الخاتم، لكني سمعت بأنه يجلب الحظ! لكن أمي ليست عروساً ولم تنجب بعدي، فلماذا طلبت من أبي أن يحضر لها هذا الخاتم؟

رفض أبي شراء الخاتم لضيق ذات اليد، فمن أين له بثمن خاتم ذهبي؟! وهو الذي أجهد نفسه حتى أواصل تعليمي؟ ما كنت سأنال حظاً من التعليم لو كنا ثلة من الأبناء، لكنا كنا ثلاثة، بنتين وولداً.

منذ أن رفض أبي شراء الخاتم الذهبي لأمي، ظلت تتحاشى الحديث معه والنظر إليه، كأنها تعاقبه على ضيق ذات اليد والفقر الذي ورثناه معاً.

إذن كانت أمي تتنفس عن رغباتها المكبوته في جلسة الزار تلك! وبذلك الاهتزاز الجسدي العنيف، كانت النساء يعبرن عن رغباتهن الداخلية دون أن تجرؤ إحداهن على البوح بها علناً.

يعبر رجال قريتي عن رغباتهم بالخمر، ونساؤها برقصات الزار المجنونة.

يتقمصن شخوصاً أخرى، يشربن الدم، يرقصن بالعصا، يطلقن صفيراً حادّاً، يدرن في حلقات متوازنة بخفة طائر، ومن ثم يتساقطن على الأرض ويبدأن في التحرر من الخوف والتقاليد والعادات ويصدحن بالطلبات.

تقاطرت الهدايا على شيخة الزار، حتى اكتظت قفافها، مع وعود بالمزيد بعد العلاج.

بعد أن هدأت الحلقة نادت الشيخة أمي محذرة من مغبة عدم الاستجابة لطلبات الأسياد، وطفقت تحكي قصصاً مروعة عن هذا العالم بطريقة درامية، كأنها مخرج مسرحي يوزع الأدوار على الممثلين ببراعة، يزيد الأمر غموضاً إجادتُها تغيير طبقات صوتها، حسب كل موقف وحدث، وهذا ما يجعل لها مكاناً للخوف في دواخلهن المتعبة أصلاً.

جلست خارج الغرفة أراقب حركات هذه المرأة المسيطرة، والممسكة بيدها كل الخيوط، نادت مساعدتها، وهي فتاة في مقتبل العمر، أمرتها بإشعال سيجارة ونثر خليط من البخور ذي الرائحة المميزة على موقد القهوة. استندت الشيخة العافية على السرير، تراقب دخان سيجارها المختلط بدخان بخور الزار ونظرات النساء حولها.

كانت هنالك رائحة مميزة وصمت مهيب. لحظات، انهالت بعدها علب السيجار على النساء وكل منهن تحاول تقليد الشيخة فيما تفعل. نظرت لأمي وجدتها تسعل بشدة والشيخة تطلق ضحكاتها الساخرة محاولة تعليم أمي كيفية تدخين السيجار.

تلاشت أحزان أمي وانحلت عقدة لسانها، صارت تحتكر الحديث دون الأخريات. تتميز أمي في حقيقة الأمر بحياء عجيب، كان مثار حديث أهل القرية، لكن اليوم شاهدت أمي بصورة أخرى، تحدثت في كل شيء وعن أي شيء، وما بين الدهشة والذهول يتعالى الضحك والهمس بين النساء، فكل منهن قد خلعت عنها قناع الوقار، وأخرجت ما يعتمل داخل صدرها من هموم وكبت نفسي.

تحلقت النساء حول أواني الطعام والتهمنه بنهم غريب، فقد أعد

الحساء وملأت رائحة الشواء المكان، وكان للعافية ورفيقاتها نصيب الأسد من الطعام، وبدا كأنها لم تتناول طعاماً منذ مدة، فقد سال الدهن على جوانب فيها وهي تطحن العظام بعد تناول اللحم.

لا أحد يجرؤ على الاقتراب منها، بعد الطعام تناولت كوباً من الشاي الثقيل، راحت بعده الشيخة العافية في سبات عميق، أرشد إليها شخيرها المزعج، فتسللت نساء القرية لبيوتهن؛ الواحدة تلو الأخرى. سبقت أمي للمنزل متجاهلة علمي بما حدث أمامي، وواصلتُ غسل الملابس تتملكني الحيرة والدهشة.

العبقري

رأيته بعد طول غياب. لا أدري أين كان؟ وماذا يعمل؟ لكني رأيت شبحاً أمامي. لم أر إنساناً، كالشبح يسير في الطريق لا يلوي على شيء. عيناه غائرتان وقد تغير لون أسنانه، وأخذ وجهه شكلاً غريباً، كأنه تمثال لم يكمله النحات، فتركه هكذا دون عودة، تهدل كتفاه كأنه يحمل عليهما شقاء السنين، حتى انحنى واحدودب منه الظهر، شعره شعِث كأنه لم يتخلل شعره الأبيض مشط منذ سنين، لونه باهت وحديثه حزين وصوته ضعيف، حتى لا تكاد تسمعه، مما أصابه من وهن. ماذا تبقى لأصف هذا الكائن الذي مر أمامي، كنت أسرع الخُطى للحاق بندوة علمية، لكنه أوقفني في منتصف الطريق وناداني:

- سارة؟

التفت أبحث عن ذاك الصوت الذي يناديني، تقدم نحوي، خلت من فرط تثاقله، أنه يحرك صخرتين لا قدمين. كرر النداء، حياني فرددت التحية سألني:

- ألستِ سارة؟

قلت: بلى.

أردف: إني أعتذر، يبدو أنك لم تعرفيني! أجبت نافية معرفتي به.

ذكرني بنفسه. ذهلت من هول ما سمعت.

أردفت: هل أنت خالد؟ أجابني بنعم، فانطلق سيل الأسئلة الذي لم يتوقف ولم أدر حينها كيف أصمت وألجم لساني، فلا يكثر الأسئلة، ولما رأى اضطرابي قال لي مداعباً رغم ما به:

ـ لا بأس، هوني عليك، ليس لدي ما أخبئه، إنما هي الدنيا الدولاب الدوار.

أجبت بلا وعي: ليس إلى هذا الحد. هل يمكن أن أتخيل نفسي في مكانك؟ يا لهذه الدنيا الظالمة؟!

أجابني: بل نحن الظالمون. نحن من نظلم أنفسنا ولا نكترث لشيء، وحينما تدور الدوائر نُلقي باللوم على الدنيا، الحياة لا تتغير نحن الذين نتغير.

سألته: ماذا حدث لك حتى أصبحت بهذه الهيئة الغريبة ولم أقل المزرية حتى لا أزيد عليه الألم والحرج؟!

أجابني: أظن أنك على موعد الآن، لكن تأكدي أني سألتقي بك لأقص عليك قصتي.

فارقته وبقايا دمع سال على الخدين بعد أن أعطيته عنوان عملي.

ما كنت أدري أن نهاية العبقرية ستكون جنوناً؛ بل بؤساً.

أول مرة ألتقي فيها خالداً كانت في الجامعة، دخلها متفوقاً وفي أيام

قلائل كسب ود الطلاب بطيبته وتفانيه في شرح المواد الدراسية. كان أولنا، لم يكن يفارق المكتبة، كثير القراءة والتأمل، يحفظ شعر أبي فراس الحمداني والمتنبي ونزار قباني وأمل دنقل، يقرأ لإحسان عبد القدوس ويوسف السباعي والمنفلوطي وسيد قطب ومحمد الغزالي.

كنت أتعجب من هذه المتناقضات في اطلاعه، وكنت أسأله متعجبة فيجيبني: أقرأ كل شيء ولكل أحد، حتى أتعرف على النفس البشرية من خلالهم وأعرف كيف يفكرون.

ـ وهل عرفت كيف يفكرون؟

ـ تقريباً، وأردف مسترسلاً:

علينا أن نفهم الحياة بطريقتها لا بطريقتنا، حتى لا نهلك.

أجبته: بل نعيش الحياة بطريقتنا، وليس كيفما اتفق.

ردد بسخرية: لكنك ستتعبين.

أرد عليه: الحياة كلها تعب ورهق، وهل جئنا للراحة؟ لكننا نتلمس السعادة والراحة ونبحث عنهما حتى لا تصدمنا الحياة بوجهها القبيح.

يقول ضاحكاً: أراك قد صرت فيلسوفة.

أزيده قولاً: وهل الحياة إلا كتاب فلسفة، علينا أن نحسن قراءته حتى نستطيع التعايش مع مستجدات ما يحدث ولا نفاجأ به.

ـ هل تراهنينَ أيتها الفيلسوفة على السير بذات خطك في الحياة، وأنا على ذات نهجي، ونلتقي بعد خمس سنين، لنرى ماذا فعلت بنا الحياة؟ هل حنت علينا أم أظهرت لنا وجهها الشائه المخيف؟

لم نلتق بعد خمسة، بل خمسة عشر عاماً، كانت كافية لأحقق فيها أمنياتي إلا القليل، وأراه كما الشبح يسير متعثراً في الحياة، لكنه رغم ذلك كان مبتسماً وهذا ما لم أفهمه أبداً.

افترقنا على أمل اللقاء، لكني بكيت لحاله، فلن أراه مرة أخرى لتنفتح لي بوابة الأحزان ولم أعد أطيق الحزن.

تتبعت أخباره وحكايته، صديقي العبقري لم يكسب الرهان، سافر داخل خيالات كتبه وأخذته تلك العوالم لمحاولة تغيير العالم.

كان يظن أنه يستطيع تغيير الكون، ويساوي بين الفقراء والأغنياء، لكنه فشل، فشل لأن الله خالق الكون لم يساو بين الناس في الأقدار والأرزاق لحكمة يعلمها، فكيف نأتي نحن البشر لنغير الكون وناموس الحياة؟

تقول الرواية التي وصلتني ممن استفهمتهم؛ إن خالداً التقى بأصدقاء آخرين جروه معهم إلى حيث مستنقع العنف والحقد الطبقي، صوروا له أن الساسة والأثرياء هم أعداء الله في الأرض، ويجب التخلص منهم. تشبع بمعلومات خاطئة حول اقتسام الثروة والسلطةورأى ضرورة تغيير الحاكم بالقوة.

غادر إلى أفغانستان وانضم لمجموعة جهادية، فرغ كل الألم والحقد الذي كان يشعر به تجاه حكومته ـالتي لم تمن عليه بوظيفة رغم تفوقهـ في التدريب العسكري الجهادي وأصبح جاهزاً للتنفيذ الأعمى.

عاد للبلاد وكون خلايا للعمل الجهادي العنيف، محاولاً تطبيق

الشريعة بطريقته، بث أفكاره في بعض الشباب الضائع الذين وجدوا ضالتهم معه، كان مقنعاً لحدّ مذهل.

بعد فشل أول عملية اغتيال لأحد الوزراء، تم القبض على أحد أتباعه وقد اعترف تحت التهديد.

الأمر الذي ظل يحيرني هو: كيف له -وهو المثقف الواعي- أن ينقاد انقياداً أعمى لهؤلاء الذين يخدعون الناس باسم الدين، والدين منهم براء؟

خمسة أعوام قضاها صديقي داخل السجن دون أن يتحدث مع أحد، يأكل قليلاً ولا يلتقي بأحد. بعد كل هذه السنوات عدوه مجنوناً فأفرجوا عنه، خرج للحياة العامة بنظرة مختلفة، مفادها المشي تحت الحائط.

لكن كيف يعيش خالد؟ وما عمله؟ وأين يسكن؟ هذا ما لا أعرفه فمنذ أن خرج من السجن ظل منزوياً وغامضاً، كما افصح بعض الذين يعرفونه.

بعد أن ابتعد عني قلت في نفسي؛ لقد خسر هو الرهان، صديقنا العبقري بكل ذكائه ذهب إلى عوالم أخرى وتركنا نصارع عواصف الحياة لنتغلب عليها، لكنها تهزمنا في كل مرة دون أن نرعوي أو نعترف بالهزيمة، بينما ظل هو خارج تلك الدائرة تماماً.

خروج

عندما يرخي الليل سدوله ويظلم الكون وتصمت الحياة، وقتها يترنح كائن بشري وحيد في طريقه إلى البيت. يغني بصوتٍ أجشَّ اعتاده الجيران لكثرة سماعه.

كعادته يركل عباس الباب بقدمه، ودون مقاومة ينفتح أمامه الباب الحديدي القديم مفسحاً له طريقاً للداخل.

ترقب منال قدوم هذا الكائن المعتبر زوجها، متجاوزاً الأسرة الموزعة على فناء الدار إلى غرفته الواقعة في أقصى المنزل، ملقياً جسده المنهك على السرير.

تبدأ حينها منال في تنفيذ برنامجها اليومي، بإعداد قهوة مرة مثل مرارة حياتها مع عباس، الذي تزوجته كرهاً إرضاءً لأبيها، متجاهلة عمداً، خفقان قلبها المفعم بحب رجل آخر طال غيابه في المدينة، فحل محله آخر.

تُنهض زوجها ممسكة كتفيه بكلتا يديها، ثم تعينه على ارتشاف كوب القهوة عله يفيق من سكره.

تعود القهوة أدراجها مع آخر رشفة يرشفها، دافعة معها ما تحتويه معدته من خليط مقزز، يفرغه في حوض الغسيل البلاستيكي الذي تمسكه منال، متحملة بدافع الوفاء الزوجي، تلك الرائحة الكريهة المنفرة، لتجره بعد ذلك جرّاً لأخذ حمام بارد، تصب الماء على جسده، ثم تتركه ليكمل اغتساله ويفيق مما هو عليه، ريثما تعد له ملابس النوم ووجبة خفيفة مع كوب الحليب الدافئ.

تنسحب بعدها بهدوء من الغرفة إلى غرفة صغارها النيام لتشاركهم المكان.

يتناول عباس طعامه ثم يتعطر متهادياً أمام المرآة متسائلاً عن هذا الرجل الوسيم الواقف أمامه، يطلق صفيراً خافتاً:

ـ بالوسامة دي كلها وما ألقى لي مرة سمحة ومتعلمة إلا منال؟ الله يرحمك يا أبوي. عملتها فيني ومشيت!

حينما أكمل عباس دراسته الجامعية قبل عشر سنوات، وعمل مهندساً زراعياً في أحد مشاريع المنطقة التي تضم قريته، أجبره أبوه على الزواج من ابنة عمه التي لم تكمل تعليمها بعد.

تعجب من نفسه، إذ إنه وافق دون أن يفكر في الأمر، وأذعن لرغبة أبيه فلم يكن القلب مشغولاً حينها إلا بالدراسة والعمل، وشعر أن وجود زوجة وأولاد ربما يسهم في استقراره النفسي فيجتهد أكثر في عمله.

لكنه أحس من الوهلة الأولى التي اصطدم فيها بمنال، بذلك الحاجز النفسي الذي يحول بينه وبين منال التي أذعنت بدورها للأمر الواقع رغم عدم رضاها.

كان كلاهما خالي القلب من الإحساس بالآخر واعتبرا أن التعايش بينهما سيقلل بمرور الأيام المساحة الفاصلة بينهما.

بَدَآ معاً رحلة التعايش الذي كان مريراً لا يحتمل، ضاق عباس بهذه الحياة الروتينية المملة، لكنه لم يجرؤ على اتخاذ قرار بشأن علاقتهما المعقدة وبدلاً عن إيجاد حل لما يعانياه اتجه عباس لمعاقرة الخمر، علها تنسيه بعض آلامه وقهره وقسوة أبيه، أدمن الخمر حتى أنهكت قواه وسلبت منه اللحم وباعدت بينه وبين منال.

توالى مجيء الأطفال ومع كل طفل جديد، كان عباس يعاهد نفسه بالتغيير وترك الخمرة وبدء صفحة جديدة، لكنه كان دوماً يخل بهذه الوعود ضارباً بتنفيذها عرض الحائط، فمجيء الأطفال رغم براءتهم لم يغير من روتين حياته شيئاً، بل زاد ذلك أحزانه والتزامه تجاه منال، وكأنما رُبط إليها بحبل متين.

يناجي نفسه أحياناً، وفي بعض الأوقات عندما تسلبه الخمر عقله يصرح لصديقه عوض باكياً وساخطاً: هل يمكن أن نعيش الحياة دون حب؟ نسير فيها كالموتى بلا إحساس؟ نأكل ونشرب ونتناسل دون أن ترتعش قلوبنا.. بلا عاطفة متأججة؟ الحياة لا تحتمل يا صديقي؛ إن لم يكن هنالك شخص يشاركك إحساسك، ويعرف ما تريد حتى قبل أن تبوح به.. لماذا حصرت نفسي في الدراسة والعمل فقط؟ ولماذا أذعنت لرغبة أبي بالزواج من منال التي لا أشعر نحوها بأي رابط سوى أنها زوجتي وأم أولادي؟

يربت عوض على كتفه مواسياً وناصحاً: أشعر بك وبآلامك لكنك الآن أصبحت أبا ويجب أن تضحي لأجلهم، وأظن يا صديقي أن الخمر

ستسلب منك ما تبقى من عقلك، عليك بالتوقف عن احتساء هذا الداء لتعيد التفكير في حياتك مجدداً.

ـ الخمر تنسيني هذا الغليان الذي يعتمل في صدري، فأنا لا أحتمل هذا الألم، وأحس أنني ظلمت نفسي ومنال وأطفالي الذين لا ذنب لهم، ماذا أفعل إن كان قلبي مصمتاً، لا ينفتح لزوجتي رغم تفانيها وإخلاصها واستسلامها، ماذا أفعل يا صديقي؟

ـ اعط نفسك فرصة، عشرة أعوام كافية لتقرب بينكما المسافات، وإني أتعجب من هذا الجفاء والتباعد بينكما، زوجتك لا ذنب لها، عليك أن تقلع عن الخمر وتجلس مع نفسك بصدق.

ـ سأحاول.

عانت منال مع عباس معاناة جعلتها تفكر بالانتحار أكثر من مرة، لكنها تتراجع لأجل أطفالها الذين لا زالوا صغاراً ولا علم لهم بما يدور بين والديهم من حرب خفية.

قررت في لحظة تحدٍّ مع نفسها، أن تخرج من عزلتها، أصبحت تجلس قبالة التلفاز وتبحث عن القنوات التي تقدم استشارات نفسية واجتماعية، وتفاجأت بأنها ليست وحدها في هذه الحياة، التي أوقعها القدر فيها في مثل زوجها عباس.

كانت تستمع للشكاوي والحلول المقدمة وتتابع الحالات التي تعرض، تمادت أكثر وصارت تتصل على أولئك الاستشاريين وتحكي لهم مشكلتها وتبحث عن حل يخلصها مما هي فيه، إلى أن وجدت ضالتها في استشارية نفسية واجتماعية، غيرت لها أفكارها

ونظرتها للحياة، أضحت صديقتها عبر الهاتف ووضعت لها خطوط مسيرها مع زوجها.

باتت لا تعير زوجها اهتماماً، ولا تنوح وحدها ليلاً لاعنة حظها العاثر، تركت الوقوف أمام المرآة متحسرة على شبابها الذي اغتاله عباس، اقتربت من نفسها أكثر، وكلما توغلت داخل نفسها ابتعدت عن عباس، ومشاكله وضجيجه المتواصل.

تعلمت منال كيف تهتم بنفسها، وتغير هيئتها بعد أن كانت تمضي جل وقتها في إرضاء عباس، أصبح لها دفتر مذكرات تفرغ فيه غضبها وحنقها على زواج صوري دون إحساس، تجولت داخل نفسها وفوجئت بأنها قد ظلمتها كثيراً ولم تعطها حقها.

تعلمت أن الإنسان في هذه الدنيا يحيا مرة واحدة فقط، وعليه أن يحياها بالطريقة التي تريحه، ولا تنتقص من كرامته شيئاً. تعلمت أن تحب نفسها وأن تتحاور معها، وأن تصيخ السمع لنداء نفسها الداخلي، وعرفت أنها إن لم تحب نفسها؛ فلن تستطيع أن تحب غيرها.

عشرة أعوام قضتها مثل ثور يدور في ساقية لا يهدأ ولا يرتاح، من أجل أن تسعد زوجها الذي لا يبدي نحوها أية مشاعر إنسانية أو اهتمام.

قررت أن تنسى أنها زوجة وأن تعيد ترتيب ذاتها فالوقت ما زال مبكراً وتستطيع أن تصنع لنفسها مجداً، قدمت لإحدى المدارس بالمنطقة، بذلت مجهوداً مقدراً واستعانت ببعض زميلاتها في الشرح والتوضيح.

تقدمت في دراستها وفاجأت عباس بنجاحها، لدخول الجامعة، ورغم ذهوله إلا أنه فرح في نفسه بنجاحها، علّ ذلك يؤدي إلى تقاربهما.

لكن لم يتغير شيء. فما زال عباس في إدمانه وبرنامجه اليومي، ومنال تقوم بواجبها تجاهه حتى تجد لها مخرجاً منه.

تذكرت حياتها التعسة معه، وكيف حاولت استمالته بكل أسلحة الأنوثة لكنه كان في كل مرة يصدها فتنكفئ على نفسها باكية معزية نفسها بأولادها، الذين ملأوا عليها دنياها الخاوية إلا منهم.

يأتي صوت نشيجها مؤلماً فيوصد عباس الباب، حتى لا يسمع صوتها الباكي، إلا هذه الليلة، ولأول مرة؛ يشعر بتأنيب الضمير ويتخذ قراراً مصيرياً بالإقلاع عن تناول الخمر.

جلس عباس معيداً شريط حياته؛ كيف ينتهي هذه النهاية المريرة؟! كيف أصبح أضحوكةً بين الناس وهو المتفوق الجاد في عمله، ألأنه يحتسي الخمر ليلاً، ويغني بصوت أجش ويركل الباب بقدمه ويبدأ حينها برنامج منال المحفوظ منذ سنوات؟

أنهكته الخمر وسلبت منه اللحم لكنه ما زال وسيماً. كان كل يوم بعد أن يفيق من الخمر يسير قاصداً منال وسط أطفاله النائمين. يربت على كتفها محاولاً إيقاظها، تتعمد تجاهله ثم يكرر المحاولة، ترفضه بصوت مثل الرصاص، يتراجع، ثم يعود أدراجه، يستلقي على السرير ويغفو قليلاً، يكرر محاولته معها وينجح، إلا اليوم فقد جفاه النوم، بعد رفض منال القاسي له.

طفق يفكر فيما جرى، أهذه منال التي ما إن أربت على كتفها حتى تنهض متثاقلة تتبعني مثل النعجة؟! ما لها اليوم؟ ماذا حدث؟ لماذا كشرت عن أنيابها إذن؟ وهل لها أنياب حتى تكشر عنها؟ لقد اقتلعت كل أسنانها منذ أن رفعت صوتها تحاسبني على تناول الخمر، كأنها لا تعلم أنها هي السبب. وهل أجرؤ على قول ذلك؟

يحاول جاداً منح نفسه فرصة للتقرب من منال، سيحبها حقاً هذه المرة، تساءل: هل هذا تأنيب ضمير أم وفاء لامرأة احتملت صدوده وقهره عمراً طويلاً؟

أراد مرة أخرى أن يتسلل إلى حيث تنام لكن شيئاً ما أوقفه. كانت منال منشغلة بإخراج حقائبها المكتظة وتجرها نحو الباب.

أضمرت منال في نفسها أمراً هذه الليلة. لم تعد تحتمل هذا الألم والعذاب اليومي مع رجل لا تحبه ولا يعيرها اهتماماً، لقد واتتها الشجاعة لتفعلها أخيراً، لقد انتصرت على جبنها وخوفها وأرادت أن تخرج من حياته.

- إلى أين؟ ألقيت بسؤالي ودون أن أكمل اصطدمت بإجابتها المتحدية:

- سئمت الحياة معك! أطلق عناني وفك أسري، لا أريدك! أتفهم؟ لا أريدك. صبرت من أجل أطفالي، ولأجل أبي، لكن مات أبي وكبر أطفالي وطفح الكيل.

- منال؟ أهذه أنت؟ كنت مثل الحمل الوديع، ماذا دهاك؟ من أين لك كل هذه الجرأة والشجاعة؟

ـ نعم. منال التي قتلت مشاعرها وتركتها مضغة في أفواه الآخرين يتندرون بسذاجتها وقهرها المكبوت وسط ادعائها الصبر والقوة.

ـ أعتذر جاداً، هذه المرة.

ـجادّ هذه المرة؟! وهل تعرف للجد طريقاً؟ أنت رجل بلا قلب، بلا مشاعر. دعني وشأني لقد كرهتك. ألا تفهم؟

فغر فاهه مندهِشاً من جرأتها.

هذه أول مرة تفعلها وترد عليه بهذه الجرأة، تصلبت يده، لم يقو على رفعها ليصفعها كما هي الحال عند كل نقاش بينهما، ينتهي بالدموع، التي لا يعيرها اهتماماً.

يفرح بينه وبين نفسه من انتقامه منها، بل انتقامه من أبيه أيضاً، حتى بعد أن أصبح بين الأموات. لم يستطع اليوم أمام عاصفة غضبها وكلماتها القاسية إلا أن ينظر إليها محدقاً في وجهها منتظراً أن تعبر العاصفة بهدوء.

ـ امنحيني فرصة واحدة، افعلي بعدها ما شئت.

ـ أهدرت كل الفرص التي منحتك إياها. أعطيتك كثيراً، ما استبقيت شيئاً، لكنها أنانية الرجل الذي تسول له نفسه أن المرأة جارية يشتريها لمتعته فقط، ليس لها مشاعر وأحاسيس. عظم ولحم فقط؟! صورة جميلة تتباهى باقتنائها، تريدها زاهية داخل إطار لا يتهشم ولا تتغير فيه ملامح الصورة.

ـ رباه، ماذا أسمع؟ رد بتعجب ودهشة.

ـ تسمع ما كنت أخبئه في قلبي سنوات عجاف. جئتك امرأة كاملة الأنوثة وخرجت منك الآن بقايا امرأة، صورة باهتة لامرأة أضاعت شبابها لأجل رجل لا يستحق، أريد أن أعيد صياغة حياتي بعيداً عنك.

ـ وإن أقسمت لك بتوبتي وبداية جديدة.

ـ قالوا للحرامي أحلف.

ـ ألهذه الدرجة تكرهينني؟ ألهذا الحد أنا تافه أثير الاشمئزاز ولا أمل لي في التغيير؟

ـ لقد أحببتك حقاً ونسيت قلبي منذ أن ارتبطت حياتي بك، فكنت أنت عالمي، لكنك ركلتني وتركتني أنعي حظي، لم تعط نفسك فرصة لتعرف منال الحقيقية، لم تعط نفسك فرصة لتحبني، كنت أنانياً تفكر في نفسك وفيما تريد أنت، لا فيما نريده معاً، لقد أهدرت جميع الفرص المتاحة والآن أنا أتأهب لخوض تجربة الحياة بعيداً عنك، أريد أن أخرج للعالم وأن أكمل تعليمي وأعمل، أريد أن أرى الحياة بعيني لا بعينيك، أريد أن أنطلق إلى رحاب الحياة مسلحة بالعلم والفهم والعطاء لمن يستحقون.

كان ينظر إليها بعينين زائغتين وقلب يحاول ترميم ما أفسده، كان يستجديها لتعطيه فرصة، لكنها قررت ألا تستجيب لتوسلاته وأن تتخذ قراراً واحداً في حياتها دون خوف وتردد، رغم أن قلبها لم يطاوعها وهي تراه في هذه الحال المنكسرة الذليلة، لكنها قررت ولن تتراجع.

أصبح بينها وبينه أمدٌ بعيد، خرجت غير آبهة بما سيقوله الناس وغير عابئة برد فعل أهلها، ولا بكاء صغارها، أصبحت حرة. لا أحد يتحكم في حياتها.

كانت تحدث نفسها. لقد احتملتُ حماقاته وبغضه لي لأجل أطفالي، احتملتُ إهاناته لي ونظرات الجيران المشفقة، حددت مصيري بأطفالي لكنه تطاول واغتر بطول صمتي.

قالها بوجهي: أنت امرأة مثيرة للشفقة، ولولا أبي ما كنت معك الآن، بعد أن ملأ جوفه بذلك السم وانحلت عقدة لسانه قال ما لم تصدقه أذني. لم أعد أحتمل.

احتقرت نفسي، وظللت أرتب للخروج من حياته إلى الأبد. الآن جاءت اللحظة الحاسمة فليذهب للجحيم.

كسرت منال قيد الخوف الذي كبلها سنيناً عدة. خرجت من بيته وحياته بعد أن حددت وجهتها.

خرجت ولما نظرت خلفها، أدركت أنها لن تعيد شبابها الناضر الذي انغلق عليه هذا البيت؛ متهالك الأركان، لكنها فرحت لانتصارها أخيراً.

فرحت لقرارها الذي اتخذته بشجاعة ونفذته. لم تلتفت للنداء الصادر من داخل البيت الذي هجرته، يكفي أنها هجرته وحسب.

غفران

تسللت إلى الطريق بخفة قط تدرب في إحدى فرق السيرك المتجولة، وبعيون يقظة، وقلب نزع عنه الخوف لإنفاذ ما خطط له.

ظلت تراقب الطريق ويدها تتشبث بسلة سعف دست بداخلها لفافة أحكمت تغطيتها جيداً، لم تنس أن تُخرج ورقة صغيرة وخصلة شعر فاحم وأسورة من الكمون الأسود أخفتها داخل السلة، انكبت على اللفافة وطبعت قبلة طويلة سرعان ما دمعت عيناها وهي تنظر إليها.

تركت اللفافة، مغادرة بذات السرعة التي جاءت بها. تسللت لمنزلها اغتسلت ثم ارتمت على سريرها تفكر في مصير قطعة اللحم التي ألقت بها للكلاب الضالة، وقبل أن تكمل الشهر من عمرها أمام أحد المساجد.

كانت تدعو الله سرّاً أن يغفر لها وأن يجد اللفافة أحد الناس الطيبين قبل أن تلتهمها الكلاب الضالة، كانت تدعو الله ودموعها تتساقط على خديها متسائلة:

- هل سيغفر الله لي ما فعلت؟ هل يستجيب لدعائي بعد أن عصيته

عمداً؟ كم من المرات أنار لي الطريق للتوبة؟ وكيف ساعدني كي أتجنب مصيري هذا، لكني كنت كالمنومة، لم أفهم تلك الإشارات لأعود لرشدي، ولما اقترفت الإثم صرت أندب حظي وأسأل الله أن يستجيب دعائي.

ـ هل أنا حمقاء؟ هل فعلاً أود التوبة؟ وأن يغفر الله لي؟ كيف نرتكب المعاصي ونحن ندرك ما نفعل ثم نسأل الله المغفرة؟ وهل يغفر لنا الله خطايانا التي نرتكبها متعمدين؟ يا إلهي! ماذا أفعل مع هذه الخواطر المؤلمة؟ ماذا كان بوسعي أن أفعل بهذه الطفلة؟ وكيف لي أن أحتفظ بها وأمي تكرر على مسامعي كل يوم: تخلصي من هذه الفضيحة، من هذا العار الذي جلبته إلينا، إن لم تتخلصي منها فسأقوم بخنقها بنفسي.

بكيت وتوسلت، لكن لم يجد كل هذا نفعاً مع أمي؛ قاسية القلب التي تخاف من رد فعل أبي إن علم ما فعلت. آهٍ يا ابنتي! سأسلمك للمجهول والله كفيل بك.

لم يكن بيدها حيلة تحافظ بها على ابنتها؛ نطفة الحرام، التي أثمرت بنتاً بوجه يشبه القمر ولون كالحليب، ابنتي جميلة لولا أنها جاءت بطريق خطأ وستواجه مصيراً لا ذنب لها فيه.

تخلصت من ابنتها والألم يعتصر قلبها عندما لم تجد وسيلة أخرى، تسكت بها صراخ أمها، المتواصل خوف الفضيحة، وتقنعها ببقاء البنت، أو حتى إيداعها دار الأيتام أو اللقطاء، لكن كان إصرار أمها كبيراً بأن تلقي بها في أية زاوية وتنسى ما كان.

أرادت أمها أن تقطع كل رابط لابنتها بتلك الثمرة الحرام، ولذا أقامت الدنيا حتى لا تودعها في أية دار للأطفال اللقطاء، كي لا يحن قلبها إليها وتذهب خلسة لرؤيتها.

أحست نبيهة بأن قلبها سينخلع، لكنها تمسكت بآخر أمل، ربما يوصلها في يوم ما لابنتها.

تركت رقم هاتفها دون عنوان ودون اسم، لعل من يجدها قبل أن تلتقطها الكلاب الضالة يحن قلبه ويعطف عليها، ويتصل بها ليخبرها بأن ابنتها شبيهة القمر بخير وأنها ستكون تحت رعايته.

فقط تريد أن تسمع كلمة ولو واحدة في يوم ما، ليطمئن قلبها وتهدأ نفسها.

ما كان بيدها شيء، أحبت زميلها لكنه غدر بها وحطمها، كان ينتظر هذه اللحظة وقد مهد لها كثيراً وصدقته.

كانت تحدث نفسها، كم أنا غبية.. كيف وثقت بهذا الجبان؟ وهل للرجال الجبناء كلمة صدق أو التزام بوعد؟ إنهم ينسون ما قالوه عندما يحصلون على ما يريدون! تباً لهم! يا لهم من جبناء.

غادر دون أن يقول كلمة وداع يعتذر بها عن فعلته. لم تشعر إلا وهي تحمل الثمرة الحرام في أحشائها، بعد أن مزق تلك الورقة التي كتباها سوياً وأضحت شاهدة على زواجهما زواجاً عرفياً لم يشهده أحد، ولم يشهد عليه أحد، ولم يفرح به أحد، مجرد ورقة رخيصة نزعها من أحد دفاتره الكثيرة، وكتب فيها عبارات تدل على أنهما تزوجا وحدهما أمام الله، لأنهما أكبر من أن يحكمهما أحد، وأكبر من تلك التقاليد البالية التي تحكم المجتمع وتتحكم في أفراده.

قال لها: صدقيني هذا الزواج هو ورقة ضغط على أهلك، حتى يوافقوا على زواجنا، حينها سنعلن هذا الزواج أمام الجميع.

وافقت بدافع الحب، بعد أن تمنعت ورفضت، وقالت كلاماً كثيراً مثل فقاعات الصابون، لا تأثير له عليه، فقد ظل يلقي لها بالوعود الكاذبة حتى صدقته، وبعد أن غرقت ولم تجد من ينتشلها من الوحل، وتلجأ إليه خوفاً سوى أمها، صارحتها. غضبت الأم واهتاجت، ولطمت الخدود وشقت ثوبها، كيف أقدمت نبيهة الجميلة الطيبة البريئة على ما فعلت؟ بل كيف تجرأت نبيهة الطفلة على هذا الأمر؟ عنفتها: أين كان عقلك؟ أم ذهب عنك وخدعك قلبك؟ كيف ارتكبتِ مثل هذا الإثم يا ابنتي؟ كيف استطعت أن تلطخي سمعتنا في الوحل؟ جَعَلتِنَا نمشي بمحاذاة الحائط خوفاً من المشاكل وحديث الناس. هل هذا جزاء تربيتي واغتراب والدك سنوات طوال لتأمين مستقبل العائلة؟!

صرخت وبكت وصامت عن الطعام أياماً، لكن ليس باليد حيلة، وقد حدث ما حدث. لن ينفع الحديث الآن.

طفقتا تبحثان عن الحل معاً، اعتذرت الطبيبة المشهورة بعلاج مثل هذه الحالات بأن الجنين قد اكتمل، ولا يمكن إجهاضه، فهذه جريمة لا تود الوقوع فيها. نصحت الأم بضرورة المحافظة عليه وعلى صحة ابنتها إلى أن يخرج جنينها للحياة، حينها يسهل التخلص منه. لم تدر الأم المفجوعة ماذا تفعل مع ما اقترفته ابنتها الوحيدة المدللة.

طافت على أطراف المدينة تبحث عن قابلة ترضى بأن تخرج هذا الجنين المتشبث بالحياة عنوة، بعد أن فشلت كل الوصفات البلدية لإنزاله، لكن كل القابلات اعتذرن لأنهن قد أقسمن ألا يقتلن نفساً

مكتلمة، إلا واحدة، طلبت أن يتم إخراج الجنين بولادة طبيعية، ويمكنها بعد ذلك التخلص منه بقتله ودفنه داخل منزلها، قطعت القابلة لهن موعداً لإنفاذ الجريمة، لكن نبيهة مانعت ورفضت هذا الخيار. أصابتها حمى مفاجئة جراء خوفها مما سيكون، كبلها الخوف. ماذا لو ماتت في هذه العملية؟ وكيف تشهد بنفسها قتل روح لا ذنب لها؟ لم تنم، فقد داهمتها الكوابيس والأحلام المزعجة، وأضحت كل يوم تزداد ذبولاً وشحوباً، وإزاء هذا الأمر رضخت الأم بعدما أدركت حال ابنتها وصحتها المتدهورة، وحمدت الله أن زوجها خارج البلاد، ولن يأتي إلا بعد أن تضع ابنتها جنينها وتتخلص من عارها وإثمها.

حكمت عليها والدتها بالحبس داخل المنزل الذي لا خروج منه، لم تغادر المنزل. تركت الدراسة في الجامعة لعام، لم تكن تفكر في شيء إلا في هذا الجنين، وكيف سيعيش؟! أحست به جزءاً منها، رغم خسة ودناءة والده، الذي هرب منه قبل أن يتخلق في بطنها. لكنها واست نفسها بأن هناك آباء يهربون من أبنائهم الحقيقيين، الذين يأتون من ثمرة زواج حقيقي، ورغم ذلك يتركونهم للضياع ليفعل بهم الزمان ما يشاء؛ ضحايا على قيد الحياة لكنهم دون آباء.

في ذات اللحظة التي وضعت فيها تلك السلة عند باب المسجد كانت علية التي لم يمن الله عليها بذرية، تتوسل بدموعها لزوجها سيد بتبني طفل بعد أن فشلت كل عمليات الإخصاب الصناعي التي أجرياها للإنجاب. ظلت علية رفيقة اليأس والحزن لا يخفف عنها إلا زوجها الذي أقنعها بأنه لا يريد أطفالاً من غيرها.

ـ هذه إرادة الله وأنا مؤمن بها، لا تشغلي نفسك.

أرادهـا أن تنسى فكرة الإنجاب لأجله، وخوفها المتعاظم من زواجه مرة أخرى من امرأة تنجب له، وتعطيه الذي عجزت هي عن إعطائه إياه.

ما بين بكائها ودعاء سيد، حان وقت الفجر وهما مستيقظان لم يزرهما النوم في تلك الليلة، بعد أن صرفا آخر ما يدخرانه في العلاج الذي لم يأتِ بنتيجة، ولم يجدا إزاء ذلك حَلّاً مقنعاً يسكتان به ألسنة الأهل، الذين يحاولون التلصص على حياتهما، ومعرفة ما ستفضي بهما الحال إليه دون أطفال؟ هل سيتزوج سيد من أخرى؟ وهل سترضى عنه وتعيش معه؟ أم أنها ستطلب الطلاق ويفترقان ويذهب حبهما الذي كان مضرباً للمثل بين الأهل؟ ولما لم يجدا حلّاً ذهب ليتوضأ ويصلي الفجر بالمسجد المجاور لسكنهم، ذهب مبكراً على غير العادة، ربما ليجد في انتظاره هدية السماء التي دعوا الله كثيراً أن يساعدهما على العثور عليها.

دلف إلى داخل ساحة المسجد، لكنه رجع خطوتين للوراء حينما رأى سلة من سعف قابعة خلف الباب قليلاً، أراد أن يلتقطها لكن يده خذلته وارتجفت قليلاً، لم يكن يعلم أن بداخلها لفافة، لم يشغل نفسه بتفحصها. أزاحها قليلاً وربما أخفاها عمداً حتى لا يعثر عليها أحد، ريثما يصلي، لم ينتظر كعادته لإكمال ورده اليومي، دفعه الفضول إلى السلة التي تذكرها فجأة، خرج بسرعة وأزاح الغطاء عن اللفافة فوجد بداخلها المفاجأة، اختطفها وذهب بعد أن تلفت يمنة ويسرة، دخل منزله مبشراً زوجته بما ظنه هدية السماء ومكافأة صبرهما الذي امتد طويلاً، وضع السلة أمام علية التي ارتجفت قبل أن تعرف ما بداخل

السلة التي جلبها لها زوجها صباح ذلك اليوم، الذي أضحى ذكرى مولد واحتفال وشكر.

انتبه سيد فجأة بأن سبات الطفل قد طال ظاناً أنه ربما مات، رفع الغطاء عن وجه الطفل ليتبين ملامحه، ودهش حين وجد ملاكاً نائماً، كانت الطفلة في نومها وكأنها الأميرة النائمة تنتظر من يوقظها لتعود إليها الحياة.

بحثا جيداً داخل السلة لعلهما يصلان لشيء يتمنيان ألا يجداه حتى تكون الهدية خالصة لا شركاء فيها. وجدا زجاجة حليب دافئ أحكمت تغطيتها جيداً.

صرخت علية بعد أن تمالكت نفسها قليلاً بسبب المفاجأة غير المتوقعة. وانحلت عقدة لسانها التي عقدتها الدهشة، فلم تنبس ببنت شفة. ابتسم سيد مخففاً عليها آثار المفاجأة.

- استجاب ربنا لدعائك يا علية.

- من أين أتيت بها في هذا الوقت؟ هل...؟

- قطعاً لا! وجدتها أمام المسجد. لم يرها غيري.

- كيف يهون على أم أن تلقي بفلذة كبدها بعد أن عانت في حملها هكذا؛ للكلاب، والقطط الضالة؟

- الحمد لله. خذيها فربما تكونين أكثر حناناً عليها من التي حملتها ووضعتها كرهاً. فضا اللفافة ثم غمرا الطفلة لثماً وتقبيلاً، كأنما استجيبت دعواتهما سنين عدداً وعوض حرمانهما بهذه الطفلة.

ودت علية لو تسميها ملاكاً لكن اسمها كان جاهزا ومكتوباً على ورقة عندما تفقدا محتويات السلة، التي وجدا بداخلها خصلة شعر وأسورة كمون، وتلك الورقة التي تحمل اسم الطفلة ورقم هاتف ورجاءً وتوسلا بقبول الاسم المكتوب؛ غفران.

ربما أرادت والدتها أن يكون هذا الاسم تذكيراً لها لتثوب وتتوب ويغفر لها الله ذاك الذنب الذي ارتكبته لحظة طيش عابرة، غاب فيها العقل والدين.

بعد أن فرحا بهذه الطفلة، انتبها لوضعها غير القانوني الذي ربما عرضهما للمساءلة، وكيف يمكن أن يسكتا حديث الناس والجيران والأهل.. سارع سيد بالاتصال بصديقه المحامي يستفسره عن قانونية الوضع الذي وجد نفسه فيه. شرح لهما المحامي، الإجراءات التي يتم اتخاذها في مثل هذه الحالات، وساعد سيد في الانتهاء منها قبل أن يتم تسليم الطفلة رسمياً لهما بعلم الشرطة والحكومة، التي وافقت على تسجيل إلحاق الطفلة باسم أبيها الجديد سيد عبد التواب صالح.

سنوات وعلية تراقب نمو الطفلة التي تزداد جمالاً وعافية كل يوم، وتحمد الله على هذه النعمة، التي ملأت عليها حياتها، أمر واحد كان يقض مضجعها ويقلق راحتها، تظل طوال الوقت تناجي نفسها: هل يا ترى ستتركني غفران يوماً ما؟ هل ستعرف الحقيقة وتبحث عن أمها الحقيقية؟ هل وهل..؟ لكنها تعود مرة أخرى لتقول لنفسها؛ إن الأم هي التي ربت وسهرت وتعبت، أنا أمها التي رعتها وحافظت عليها.

تطمئن نفسها بذلك الحوار شبه اليومي، ثم تقوم لتواصل خدمتها داخل المنزل. حينما تدخل على ابنتها وهي تذاكر دروسها، تمعن فيها

النظر وتتأمل هذا الجمال الرباني، وتدعو الله سراً أن يحفظها من العين ومن مصير أمها الحقيقية، التي ألقت بها في الطريق.

في مساء ذلك اليوم كعادتها جاءت تتأمل ابنتها، لكن فاجأتها غفران:

- سارح وين يا جميل؟

تضحك علية وتقول:

- ما أجملك يا غفران! يحفظك الله من عيون الحاسدين، خاصة صويحباتك.

تضحك غفران وتجيب أمها: المثل بقول: (اكفي القلة على فمها تطلع البنت لأمها).

صرخة هستيرية خرجت من علية دون أن تشعر. لااااااااااا إلا أمك. أقصد أن تكوني أفضل مني يا ابنتي.

- أمي ماذا بك؟

- لا شيء.. لا تشغلي بالك.

خرجت علية مسرعة يخفق قلبها من زلة لسانها التي كادت أن توقع بها، دخلت غرفتها وانخرطت في موجة بكاء ودعاء.

غفران التي سحرت قلوب الناس، كانت مثار تعليقاتهم على جمالها وحسن خلقها، اجتهدت لتحرز مرتبة متقدمة في دراستها وقد كان.

كرت مسبحة الأيام، تخرجت غفران من الجامعة، كانت فرحة والديها غامرة، لقد تحقق نصف الحلم وتبقى النصف الآخر، أن تتزوج غفران وتأتيهما بأحفاد يملأون عليهم الدار.

لكن غفران كانت تفكر في طريق آخر؛ طريق العمل، اجتهدت لتحصل على وظيفة عامة. قدمت أوراقها وانتظرت النتيجة التي كانت مبشرة، تم قبولها في إحدى المؤسسات الحكومية، لم تسعها الفرحة، استعدت لذلك اليوم ولم تنم ليلتها تلك.

خرجت باكراً في ذلك اليوم متجهة صوب مقر عملها الجديد، إنه أول يوم عمل، كادت تطير من الفرح، خرجت تحمل معها ملفاً ضخما يحوي أوراقها الثبوتية، حين وصلت دلفت مباشرة إلى مكتب شؤون العاملين. جلست قبالة الموظفة المسئولة وسلمتها ملفها الشخصي، وذكرتها بأنها اليوم ستبدأ عملها في مؤسستهم، بعد أن تم اختيارها معهم، كانت الموظفة منهمكة في عملها، لم تلتفت أو ترد إلا بإيماءة من رأسها.

وضعت غفران الملف بجانب الموظفة التي تناولته دون أن تنظر في وجهها وتابعت عملها في جهاز الحاسوب أمامها، تراجع كشف الموظفين الجدد.

لم تعرف غفران سبباً لضيقها المفاجئ من هذه الموظفة، التي يبدو أنها متعجرفة، قالت غفران في سرها: هل الجمال سبب للتكبر والتعالي على الآخرين؟ حتى إنها لم تنظر لوجهي، يا لوقاحتها.

كانت المرأة بالفعل جميلة، بل فائقة الجمال، ترتدي ثوباً أبيض، زادها جمالاً وتألقاً، كانت غفران تنظر إليها ملياً، حينها رفعت الموظفة رأسها، كانت حقاً جميلة تبدو في نهاية الثلاثينيات أو أصغر قليلاً، لا يبدو عليها أنها متزوجة، إذ لا علامة تشي بذلك، لكن رأت غفران مسحة حزن عميق على وجهها.

رحبت الموظفة بغفران، واعتذرت عن انهماكها في العمل، لكثرته وضيق الوقت، ذكرتها غفران بملفها ومراجعته.

ـ ما اسمك يا عزيزتي؟

ـ غفران سيد.

أثارها اسم غفران! رددت في سرها: غفران، غفران.. ياااااه كم من السنوات مرت وهي تبحث عن ابنتها، التي أضاعتها بيديها. متى أراك يا حبيبتي لتعذري جهلي وخوفي على مصيرك آنذاك.

شردت بأفكارها لسنوات طوال. لم تعدها إلى واقعها سوى غفران الموظفة الجديدة.

كانت تسألها إن كان بإمكانها معاينة ملفها لتتسلم وظيفتها.

سألتها الموظفة: عذراً مرة ثانية، ما اسمك؟

أجابت: غفران سيد.

ـ هل لديك إخوة؟

ـ أنا وحيدة.

ـ عذراً على تطفلي، هل والداك حيان؟

رغم التعجب الذي أصاب غفران فإنها أجابت بنعم.

ـ أين تسكنين؟

ستجدين ما تبحثين عنه داخل هذا الملف.

اعتذرت الموظفة عن تطفلها، لكنها أحست بأن قلبها يقفز من مكانه، هل هي ابنتي التي رميتها للكلاب الضالة، أم أنه تشابه فقط، لكنها تشبهني بالفعل، ثم إن الاسم هو ذات الاسم الذي اخترته لها: غفران..

- آه، إنك بعمر ابنتي وبك شبه منها.

- شكراً لك، هل تدرس ابنتك أم تخرجت مثلي؟

- لا أدري عنها شيئاً، ضاعت في هذه الدنيا وكفى. أضعتها بجبني وخوفي من الناس. لا بأس؛ الله رحيم بها؟

لم تترك لها فرصة. قامت نبيهة إليها، وضمتها لصدرها وانخرطت في بكاء طويل وسط ذهول غفران التي صعقتها الدهشة ولم تدر ماذا تفعل..

- غفران. هل يمكن أن أتطفل وأسألك عدة أسئلة خارج نطاق العمل؟

هل تسكنين جوار مسجد كبير؟

- نعم، منزلنا يجاور مسجدا.

- هل هنالك وحمة على كتفك؟

أصاب الذهول غفران؛ وتساءلت في نفسها: من أين عرفت بأمر هذه الوحمة؟!

- أرجو أن تلتمسي لي العذر يا ابنتي، لكن أظن أنك ابنتي التي ضاعت مني منذ سنوات بعيدة.

ـ لكن أنا لست.. قد أكون.. فقط تشابه أسماء... و.. و....

تلعثمت غفران ولم تدر ماذا تفعل أو تقول أمام هذا المشهد الباكي من سيدة تظن أنها ابنتها.

لم تتركها نبيهة، بكت وتوسلت إليها، وأقسمت بأن غفران هي ابنتها، لكن غفران لم تصدق.

ـ أنت ابنتي وسأحكي لك كل القصة. استجابت غفران بدافع الشفقة. بنهاية القصة الحزينة دمعت عينا غفران. سال الدمع غزيراً، مسحت دموعها وأخذت ملفها وغادرت دون أن تترك عنواناً، رغم توسلات الموظفة التي ربما توهمت أن هذه الفتاة هي ابنتها.

بخروج غفران من المؤسسة أغلقت خلفها ملفاً، ظل مفتوحاً طوال تلك السنوات.. الآن فقط حرصت غفران على التمسك بوالديها ورفضت الوظيفة وبدأت في البحث من جديد.

لكنها كانت تعلم عنوان عمل تلك المرأة التي ادعت بأنها أمها الحقيقية وربما هذا يكفي.

أبو فروة

كنت أتساءل دوماً في نفسي: هل ينبغي أن أخلع نعلي كلما جئت لهذا المكان الغريب؟ طلبت من أبي عدم المجيء. لا أحب هذه الطقوس الغارقة في العجز، نخلع نعلينا وندخل متسللين إلى حيث يجلس ذلك الرجل الكبير الذي يطلقون عليه الشيخ. لا أعرف له اسماً غير الشيخ.

نجلس أمامه بخضوع، يمد إلينا يده التي تنفر منها العروق، ترافقها نظرة ذات مغزى، نقبلها ونمسح بيدينا على أجسادنا المنهكة من طول الطريق.

أرافق أبي وأنا صغير، لم أكن أبالي حينها بما يفعله أبي من تذلل لهذا الرجل الجالس على سجادة كبيرة، من جلد النمر؛ تسمى فروة، لأني لم أكن أعلم حينها ماذا تعني هذه الطقوس.

يتناول أبو فروة، هكذا كنت أسميه أنا، قبل أن أكون أحد حيرانه المقربين، ماءً من إناء يقبع بجواره يتفل فيه ويناولنيه، أتقزز من شربه. ينتهرني أبي. أنصاع لأمره وأشرب الماء على مضض وأهرول للخارج أفرغ ما بجوفي.

- ولد ممسوخ، (في زول بيابا البركة).

يخاطب الشيخ أبي محذراً إياه من مغبة تركي أفعل ما أريد:

- عليك بإحضاره كل أسبوع أو اتركه حتى أقرأ عليه بعض الآيات، قد يكون ممسوساً.

- أبوي الشيخ أنت أدرى مني ولك مني الطاعة.

صرخت بصوت عالٍ، ورفضت طلب الشيخ بالمكوث في المسيد مؤكداً لأبي صحة عقلي وجسمي، طلب أبي من الشيخ برجاء وتوسل أن يدعني أعود معه وسيحضرني بداية العام، وأكون حينها قد بلغت سناً يؤهلني للمكوث في خلوة الشيخ، وافق الشيخ أبو فروة على مضض.

خرجت منه وتنفست الصعداء، ملأت رئتي بالهواء النقي، وأمسكت بيد أبي، خوف أن أعود مرة أخرى لداخل غرفة الشيخ القاتمة. طلبات الشيخ أوامر تنفذ دون نقاش وقد كان يريد أن أمكث وأنام في ذلك الزحام مع الأطفال، مختلفي الأعمار الذين جاءوا من كل البلاد ليدرسوا القرآن على يد الشيخ أبو فروة.

- أليست لي حرية أن أفعل ما أشاء يا أبي؟ سألته بإلحاح ونحن في الطريق وأنا أُمسك بكم جلبابه الطويل.

- لا زلت صغيراً وعليك بإطاعة الأوامر يا بني، فإن غضب عليك الشيخ فستغلق الأبواب في وجهك ونحن نحتاجك. رد على أبي بلهجة تحذيرية.

زممت فيَّ وبدون إرادتي مضت علي إرادة الشيخ للحضور في

العام القادم الذي جاء سريعاً، وأصبحت أمام أمرين إما الهرب إلى حيث لا أدري أو الرضوخ، لكني رضخت تحت توسلات أبي ودموع أمي.

جئت للخلوة وأنا أحمل كيساً من قماش مهترئ، أضع فيه ثوباً وسروالاً ومشطاً قديماً كحال كل الفقراء. تهلل وجه الشيخ عندما رآني وأمر أتباعه بأن يخصصوا لي مكاناً بين الصبية الذين يقيمون بشكل دائم في المبنى الملحق بخلوة الشيخ. أطفال مختلفي الأعمار، الأماكن، السحنات واللهجات. جلست القرفصاء بعيداً عنهم وهم يتناولون طعامهم الماسخ ويتفرقون لقضاء بعض الأعمال التي تخص السكن. شعرت بالجوع يطوي بطني لكني لم أتكلم، آثرت النوم. ينامون على الأرض في بُسُط صنعت من سعف النخيل، يتشاركونها متكومين دون أغطية، هل تحتمل أجسادهم الصغيرة برد الشتاء وحرارة الصيف؟ قبل الصباح استيقظ الأطفال متسابقين للوضوء استعداداً للصلاة. هل يصلون بصدق أم تخلصاً من عبءٍ أيقظهم وبقايا النوم في عيونهم؟ تناولنا شاياً قليل السكر بعد أن صلينا وقرأنا الأوراد التي يحفظونها لطلاب الخلوة، كانوا يرددون وأردد معهم مثل الببغاء. عندما ارتفعت الشمس قليلاً هببنا لقضاء بعض الأعمال التي أوكلت إلينا، نظفنا المكان، جلبنا الماء، جلس البعض يصنعون أدوات للكتابة على الألواح الخشبية والبعض الآخر يشارك في صنع الطعام قبل أن نخلد للراحة قليلاً، ريثما تبدأ الدروس الفقهية. غضبت وأنا أرى الأواني المليئة بالطعام الشهي تدخل للشيخ. أصبت بالدهشة من هذا التناقض، كيف نتناول نحن طعاماً ليس به طعم بينما يتناول هو الدجاج واللحم والأرز؟ قررت منذ ذلك اليوم أن أتناول من طعام الشيخ ومهدت لهذا الأمر بخطة

محكمة، ساعدني ذكائي على حفظ القرآن، كنت لا أفوت وقتاً للصلاة، أسمع دروس التجويد والتوحيد والفقه باهتمام حيرني وأدهشني.

تقربت من الشيخ أصب له الماء لغسل يديه، أرابط طوال اليوم بجوار غرفته ملبياً نداءه ومجيباً لأوامره، ولا أستجيب لزجرٍ من قبل الحيران، أنظر للهدايا المحملة لداخل غرفته الفسيحة، لقاء ما يقدمه من دعوات ووريقات مكتوب عليها طلاسم غريبة الشكل.

ظللت على هذا الحال عاماً كاملاً لا أذهب لأهلي إلا مرتين في الشهر وحينما أدخل على أهل بيتي يتمسحون بي ويقبلونني، ويتبركون بي لأني قادم من الشيخ.

أضحيت ظل الشيخ في قريتي، أطلق علي الشيخ اسم المبروك بعد أن لازمت قدميه عاماً كاملاً أراقب ما يفعله هذا الرجل.

أجلس بعد كل صلاة جوار غرفته، لا أغادر مكاني إلا عندما يخلد للنوم، كانت لديه خزانة سرية، بها كتب قديمة لها رائحة غريبة أشبه برائحة العطن من طول التخزين، ومدخل يقود لسرداب طويل لا أدري نهايته ولا أهميته.

يستخدم الشيخ حبراً خاصاً يصنعه له حيرانه المقربون، وهم من يروجون لكراماته في المنطقة، وعلى أسماع الناس حتى يأتوا إليه طالبين العلاج والدعوات المستجابة.

جعلني قربي من الشيخ أرى وأسمع ما لم يُتح لغيري، وكلما أحس الشيخ بدهشتي الممزوجة ببلاهة مما أرى، مسح على رأسي برقة قائلاً: يا المبروك خليه في محلو. أضحى ما أراه سراً بيني وبينه، لا

يطلع عليه أحد. وثق بي وبت أتناول من طعامه الفاخر بتلذذ عجيب، إذ كان يبقي لي بعضاً منه متعمداً.

مرت الأيام طويلة وقاسية، لكنني اكتسبت فيها الكثير. أردت أن أستغل معرفتي بذلك العالم المجهول لأجني المال كما يفعل شيخي أبو فروة.

طلبت منه السماح لي بالمغادرة بعد التبرك به وأخذ الإذن. أردت أن أعود لقريتي لأكون سفير شيخي في قريتي، وأمارس العلاج وتوزيع البركة على المرضى والمحتاجين.

ـ أبوي الشيخ داير عفوك والإذن.

حفظت القرآن والأحاديث والفقه، وزدت عليها تلك الطلاسم التي يستخدمها الشيخ في تحضير الجن والأرواح، في فترة تجاوزت العامين بقليل.

تغير وجه الشيخ وطلب مني عدم المغادرة لأنني ما زلت حواراً قليل التجربة، ويخشى علي من نفسي الأمارة بالسوء أن تغريني فأشعر بالكبر والغرور.

لم أستطع تصديق ما قال، لكنني صمت على مضض، وقلت في نفسي لعله خاف أن أفشي سره وأن يعرف الناس ما عرفته، وبدا لي أن الشيخ يراوغ وأنه لن يعطيني حريتي، لكنني لم أجادله وانحنيت للريح حتى لا يُكسر ظهري.

عام آخر جاء وأنا ما زلت أقبع جوار الشيخ، أراه يكتب طلاسمه

وأسراره التي حفظتها، وعرفت أسراراً أخرى، لم يطلعني عليها وأوغر ذلك صدور حيرانه المقربين وبان حسدهم في عيونهم. سحبت منهم البساط وأضحيت خليفة الشيخ في غيابه حينما يسافر خارج البلاد أو داخلها. كنت أفعل ما يفعله وقد وثق بي الناس وأحبوني وبت شيخهم بعد شيخي. ظللت أتحين الفرصة وبت أضع الخطط والأعذار عل الشيخ يطلق سراحي، مكثت معه كثيراً وعرفت عنه الكثير. أردت أن أفتح لي باباً للغنى فأهلي ما زالوا فقراء. كان الشيخ يعبد الله لينال إعجاب الناس. ورغم حفظه للقرآن لم يصلّ بنا يوماً. يصلي وحده في خلوته السرية ويشيع عنه الحيران أنه في خلوته يناجي الله فتتعالى الصرخات الفرحة من البسطاء الذين يطلبون منه الدعاء. بعد صلاته في الخلوة يخرج للناس وبيده تلك المسبحة الطويلة، يحركها بأصابعه فتسمع لها طقطقة تزيد من خوف الناس وتصديقهم بصلاح الشيخ وتقواه.

كنت أتحين الوقت المناسب لأواجهه، وأغادر بعد أن تكشفت لي حقيقته، لكني لم أستطع ابتزازه. كان حريصاً على صورته أمام الناس ورغم مراقبتي له لم يخطئ أمامي قط.

كنت أعرف أنه في خلوته تلك يستحضر الجن ولا يناجي الله كما يزعم ويزعم حيرانه.كان يملك صوتاً قوياً وعينين حادتين كعيني صقر يتأهب للانقضاض على فريسته، يكحل عينيه بالإثمد ويطيل شعره حتى أضحى مثل الجدائل، يرتدي جلابيب من الكتان وفاخر الأقمشة خلافاً لحيرانه ومرافقيه، الذين يرتدون ملابس رثة وكأنهم قادمون للتو من سفر. كان البون شاسعاً بينه وبينهم، ولطالما كان هذا الأمر يؤرقني، لكنني لا أملك من أمري شيئاً. متى يصبح الإنسان ولياً

من أولياء الله؟ هل يكشف الله له؟ أم يعرف نفسه بأنه قد أصبح ولياً؟ وهل الشيخ أبو فروة من أولياء الله الصالحين الذين لا خوف عليهم ولا هم يحزنون؟ ما هي علامات الولاية والحب الإلهي؟ مكثت ثلاث سنوات مع الشيخ لكنني لم أصل لتلك الدرجة من الحب الصوفي، الذي يجعل المحبين يترنحون وينجذبون حتى لكأنهم يسبحون في الهواء بلا أجنحة. هل تراها حقيقة أم أنهم يدعون. ملكت من العلم الكثير، لكن قلبي كان خالياً وخاوياً لم يمتلئ بذاك الحب بعد. دعوت الله كثيراً أن يظهر لي الحق وأن يطهر قلبي لأشعر بحبه، كنت أستيقظ في الليل لا هم لي سوى الدعاء أن يريني الله حقيقة الشيخ أبو فروة، حتى لا أظلمه إن كان ولياً من أولياء الله. ظللت على هذا الحال إلى أن كان ذلك اليوم الذي تكشفت لي فيه حقائق غريبة، كانت غائبة عني رغم قربي من الشيخ. سمعته خلسة وهو يخبر عليان بقدوم إحدى سيدات المجتمع الثري من المدينة، طلباً للتداوي والذرية، حثه على إكرام وفادتها وتنفيذ البرنامج المعتاد بعد أن يرخي الليل سدوله وتنقطع الأقدام. يبدو أن عليان يعرف ماذا يفعل وكأنه اعتاد هذا العمل كثيراً.

ـ أحضر لي هذه المرأة ليلاً ولا يشعر بك أحد، خاصة تاج الدين، هذا الولد لم يدخل خطنا جيداً وأراه متعجلاً بعض الشيء، ورغم قربه مني إلا أنني أشك في نواياه أحياناً.

تصبب جسدي عرقاً وبت لا أستطيع التنفس، ماذا يعني الشيخ بكلامه هذا؟ أبعد كل هذه السنوات تحت قدميه يداخله الشك نحوي؟ قررت أن أراقب عليان جيداً ولا أدعه يغيب عن ناظري، تسللت إلى غرفتي في الخلوة تركت بابها مفتوحاً على مصراعيه ونمت حتى أستطيع الاستيقاظ ليلاً.

كانت المرأة طالبة العلاج قادمة من مكان بعيد، جاءت بالوصف بعد أن سمعت بكرامات الشيخ، كانت متعبة ويبدو عليها الإرهاق من طول السفر، هرول عليان ليخبر الشيخ بقدومها.

أمره أن يرافقها إلى حيث سكن النساء، كانت هنالك بعض النسوة تبادلت معهن الحديث، تناولت الطعام، وخلدت للراحة، وفي المساء استمعت للمدائح النبوية مع عدد من النسوة، وقفلت عائدة إلى غرفتها لكنها تفاجأت بأن الغرفة خالية ليس بها أحد، تلفتت يمنة ويسرة وبعد وقت ليس بالقصير خلدت للنوم.

امرأة مليحة الوجه، فاقعة اللون كأنها قطعة من القمر، عيناها مرسومتان بعناية وشعرها فاحم السواد، تبدو خصلاته الناعمة من ثوبها ياقوتي اللون الذي زادها جمالاً.

بت أتساءل ماذا يريد منها الشيخ ليلاً؟ وهل سحره جمالها كما سحرني.

عدت مرة أخرى لغرفتي متظاهراً بالنوم، جاءني عليان وبدأ يوقظني لم أتحرك، فخرج بعد أن تأكد من نومي العميق، كنت أتابع حركة عليان وعباس وأسمع همهمة خافتة، تسللا بعدها كاللصوص إلى سكن النساء حيث تنام الضيفة المليحة، طرقا الباب، أجابتهما المرأة مستفسرة عما يريدان، أخبراها بأن الشيخ أبو فروة يطلبها الآن ليبدأ العلاج، سألتهما بتعجب، كيف يمكن أن يكون العلاج في هذا الوقت المتأخر وهي مرهقة وتشعر بالتعب من طول الرحلة؛ إنها الثانية صباحاً! أجاباها بصوت واحد: هذه أوامر الشيخ، وهذه ساعة إجابة!

لفت عليها ثوبها وتبعتهما إلى حيث خلوته، سبقتهما إلى خلوة

الشيخ واندسست في مكان خفي، يمكنني من المراقبة ومعرفة ما يجري، حانت الفرصة لي بالاختباء حينما خرج الشيخ لبعض شأنه، تسللت مثل القط ودلفت نحو المدخل المؤدي للسرداب، كان مظلماً ومخيفاً لكني بقيت فيه مسترقاً السمع وأراهم من حيث لا يروني.

تساءلت ترى ماذا ينوي الشيخ أن يفعل؟ سأنتظر وأرى، لن أتعجل.

كانت المرأة تعتقد جازمة بأن علاجها على يد شيخنا الذي بشرها بغلام ذكي، انتفضت المرأة من الفرح حتى كاد يغمى عليها، قال لها الشيخ: امكثي الليلة هنا وفي الغد سنعطيك العلاج والدعوات.

ـ أمكث معك في غرفتك الخاصة يا شيخي؟

ـ هذه غرفة للعلاج وليست غرفةً خاصة.

بحذر سألت المرأة الشيخ: سيدي الشيخ إن كنت تود إعطائي العلاج غداً فسأذهب للنوم وآتيك في الصباح.

ابتسم الشيخ، ولأول مرة أرى ابتسامته مخيفة مثل ذئب جائع، تغير شكله، بعد أن انفردا وحدهما في الغرفة قال لها: علاجي جاهز وسأعطيه لك الآن فلا تتعجلي.

طلب منها الجلوس على الأرض، قال لها اكشفي رأسك لأتلو عليك بعض الآيات، مد يده المرتجفة ووضعها على رأسها (وهو يتلو كلمات مبهمة لم أميزها) انحدرت يده إلى رقبتها. جفلت المرأة وأزاحت يده بقوة وولت هاربة تجاه الباب لكن عباس وعليان كانا خلف الباب، أمسكا بها وأرجعاها وقفلا الباب. شعرت بالخوف وبدأت الصراخ،

قال لها الشيخ محذراً: لن يسمعك أحد وكل امرأة عقيم جاءتني طلباً للذرية أنجبت. عليك إطاعة أوامري لكي يتم علاجك.

صرخت في وجهه: هل أنت شيخ أم دجال؟ لا أريد هذا العلاج وإن لم أنجب طوال حياتي.

ظل الشيخ يتقدم نحوها قليلاً قليلاً وأمسك بيدها وجذبها إليه، لكنني لم أحتمل، خرجت إليه وأبعدته عنها فصرخ في وجهي متسائلاً: من أين جئت أيها الشيطان؟ قلت له: بل أنت الشيطان. خدعت الناس كل هذه السنوات باسم الدين ونهايتك على يدي بإذن الله.

كيف يمكن أن تفعل ذلك وأنت تصلي وتصوم وتدخل في خلوة بعيداً عن الناس تتعبد؟ هل يمكن أن يكون كل ذلك كذباً وخداعاً؟ لا أكاد أصدق؟ طلب مني الابتعاد قبل أن ينادي على حيرانه فيقطعوني ويجعلوني وجبة للكلاب. لكنني تحديته وأمسكت المرأة من يدها، وقلت بصوت مرتفع: إن كنت ترغب في هدم مملكتك الواهية هذه، فامنعني من الخروج.

سردت عليه ما عرفته عنه طوال سنواتي معه، أصابه الذهول، خفض رأسه وصمت، رأيت انكساره أمام إصراري، وضعفه أمام قوتي، وجبنه أمام شجاعتي، خوفه من انهيار مملكته جعله يوافق مرغماً، عيناه تترجياني بأسى ألا أفشي سره، ليظل أمام الناس بتلك الهيبة المزيفة. أشار لحيرانه بتركي أخرج بسلام فلا جدوى من وجودي.

خرجت تحت دهشتهم جميعاً. كانوا ينظرون لي ببلاهة لم يستفيقوا منها إلا بعد أن ابتعدت بالمرأة ونحن نلهث من الخوف، ونتلفت وراءنا

فلا نجد أحداً يتتبعنا؛ ما الذي حدث؟ لا أدري. كل ما أعلمه أنني هربت من ذلك الشيخ وأشرت للمرأة بالعودة من حيث أتت. مكثت معها إلى أن انبثق نور الفجر، شكرتني واستغلت عربة للعودة إلى دارها.

درت حول نفسي مثل المجاذيب داخل حلقة الذكر، وأنا أردد الله.. الله.. سألت الله أن يغفر لي ما فعلته بصحبة الشيخ الدجال، ماذا فعل هذا الدجال؟ وكيف صبرت معه، كيف يدعي قربه من الله؟ كيف يوزع صكوك المغفرة على من يشاء؟ يقرب إليه من يشاء ويبعد عنه من يشاء، جعل من نفسه مُطاعاً في الأرض ونسي الله المعبود الحق.

لا.. ليسوا سواء هؤلاء الشيوخ الذين قابلتهم معه، وجوههم وضيئة يكسوها النور وحديثهم هادئ ومرتب وهذا الشيخ وجهه مكفهر وقاتم. بكيت حتى تبللت لحيتي. تمرغت في التراب عل الله يغفر لي صحبة هذا الدجال وصمتي عليه. مشيت طويلاً حتى تورمت قدماي. دخلت إلى قرية قريبة من الطريق وأنا لا أرى ولا أسمع من تعبي ورهقي. طرقت باب أحد البيوت. فزع صاحب الدار من منظري، لكنه أدخلني بعد أن رويت له قصة مختلقة. غسلت جسدي وغسلت معه نفسي وروحي، توضأت وارتديت ثوباً نظيفاً أعطانيه الرجل. صليت وسجدت طويلاً أدعو الله أن يتقبل صلاتي وأوبتي إليه، لأول مرة أشعر بالإشراق والراحة داخلي. نمت طويلاً؛ رأيت فيما يرى النائم أنني محبوس داخل شرنقة ضيقة لا أكاد أتنفس، كنت أصرخ فلا يسمعني أحد، أبكي فلا يراني أحد، أحاول تمزيق الشرنقة لكني عاجز لا أستطيع، صرخت بصوت عالٍ: إلهي وسيدي ومولاي فك أسري فقد تعبت وتبت، إلهي أنا قادم إليك بصدق فاقبلني. بكيت بكاءً مراً وارتفع صوتي وتعالت صرخاتي فلم أشعر إلا والرجل ممسك كتفي

محاولاً إيقاظي، صبَّ علي ماءً بارداً فجفلت مذعوراً. هدأ من روعي وحكى لي ما فعلته. قلت له معتذراً:

إنه حلم. استأذنت الرجل وغادرت إلى حيث لن يعرف الشيخ أبو فروة مكاني.

رسالة

لا أدري بمَ أبدأ إليك خطابي هذا؟ في العادة يبدأ الناس خطاباتهم بعزيزي أو حبيبي، لكن لم أقرأ قط خطاباً يبدأ بمثل كلمة عدوي. والآن أنا في حيرة من أمري؛ بم أبدأ إليك هذا الخطاب؟ بأي كلمة مفتاحية أعنونه لك؟

هل أكتب حبيبي؟ ولكنك لم تعد ذلك الحبيب الذي ملأ القلب يوماً ما، أم أقول عزيزي؟ وهذه لا تليق بك ولا بمناسبة الخطاب، هل أقول خصيمي أم عدوي؟ لكنني رغم ما فعلت بي لا أضعك في خانة الأعداء رغم خساسة ما فعلت.

هل أقول أيها الغادر؟ لا أدري. لكن كلمة غدر تليق بك، قد تكون أكثر شبهاً بما فعلت، لكنني سأكتب لك خطاباً على أية حال. ثمة ما يغريني بالكتابة لك، رداً على خطابك الموسوم بحبيبتي.

هل تصدق أنني حينما قرأت كلمة حبيبتي انتابني ذلك الشعور الذي يصيب البعض حال تعرضهم لصدمة مفاجئة؟ ينتابهم حينها ما يشبه داء السكتة بينما تظل عيونهم جاحظة وكأن لا حياة فيها.

قلت في نفسي بحق الله هل جن هذا الرجل؟ أيحق له أن يناديني بحبيبتي بعد كل هذا الوقت الطويل الذي امتد بيننا؟ هل ما زال يعتقد أنني من ضمن أملاكه؟

هَأنذا أسألك مجدداً: هل تظن أنني من أملاكك أو أنني ما زلت تلك الفتاة الساذجة البريئة التي تصدق كل ما يقال لها؟

حاولت أن أقول لك إني أكرهك لكني سألت نفسي: هل حقاً كرهتك؟ أم هي محاولة يائسة مني لنسيانك بعد أن حطمت قلبي بجبنك؟

كرهتك، نعم، لكن تحول هذا الكره بمرور الوقت لشفقة.

نعم. شفقة عليك من نفسك، هل أكذب عليك إن قلت لك إنه قد ارتفع بيني وبينك حائط سميك وشاهق، يفصل بعضنا عن بعض إلى الأبد؟

كنت أراهن عليك، انتظرتك. أمضيت أجمل سنوات عمري في انتظارك، في انتظار السراب والوهم، تخيلت قدومك علي مهاباً مجللاً وفارساً لي وحدي دون الأخريات.

تأتي ممتطياً فرسك الأبيض القوي كما في قصص الخيال، لتأخذني بين يديك وتمضي بي إلى حيث قصرنا الجميل.

- مهلاً.. مهلاً.. لا أدري لماذا نتخيل نحن النساء أن فارس أحلامنا يأتي على الدوام ممتطياً حصاناً أبيض، ولماذا اللون الأبيض تحديداً؟ ألأنه لون السلام؟ ألأنه لون الهدوء والسكينة؟

لا أعرف علاقة الألوان؛ بعضها ببعض، لكن هكذا قرأنا الأسطورة. ربما كان ذلك الفارس يحب اللون الأبيض أو أنه لا يملك إلا حصاناً

بلون أبيض. ومنذ ذلك الحين اعتاد الناس عليه.. على اللون الأبيض. لكني بالتأكيد لا أعرف..

دعك من هذا. كنت أتوقع منك رداً مقنعاً، لكنك دوماً كنت تتدثر بالصمت لتخفي جبنك، ماذا أقول الآن وقد مضى وقت طويل منذ أن افترقنا، بل منذ أن غرزت خنجرك المسموم في قلبي دون رحمة؟

لا حاجة لي بتذكيرك أنني قد نسيت ما كان بيننا، وأنني الآن أحاول أن أكتب إليك لأوقظك من الحلم، الذي تعيش فيه وتعتقد جازماً بأنني ما زلت أعد الأيام لعودتك الظافرة.

اسمح لي بأن أقول لك بأنك مخطئ حين تظن أنه يجب علي أن أظل متسامحة للنهاية، وأن أنسى ما سببته لي من إهانة فور استلامي لخطابك المعتذر، ثم أبدأ معك صفحة جديدة قبل أن أغلق تلك الصفحة التي كانت مفتوحة على آلامي.

هذا ما كنت تخطط له، أليس كذلك؟ كيف خطر ببالك ولو للحظة عابرة بأني سأسمح لك بالاستيلاء على قلبي مجدداً؟ كيف يمكن أن يقودك تفكيرك المجنون لهذا الحد من الأحلام غير الواقعية؟

هل تعلم يا من كنت حبيبي في يوم ما -واعذرني لأني سأطلق ضحكة عالية وربما ظن من حولي الآن أني أعاني انفصاماً في الشخصية أو جنوناً مفاجئاً-

أني ضحكت طويلاً على كلمة حبيبي، لكن مضمون الحديث يوجب وضعها لتعتدل اللغة وأنت تعرف أني ضليعة في اللغة بشهادتك أنت، هل يكفي هذا؟

هل تعلم أن الأنثى لا تنسى جرحها وإن نسيت من تسبب في جرحها؟

تسامح وتتسامى لكنها لا تنسى، ورغم ذلك تجدها تواصل مسيرها في الحياة بقوة وثبات، دون أن تعطي انطباعاً بأنها مطعونة في القلب وأنها تنزف وتعاني؟

هل تكون هذه رحمة إلهية لها لرقتها؟ لا أنتظر منك إجابة على سؤالي هذا، إنه من نوع تلك الأسئلة المعلقة التي يقولها البعض دون أن ينتظر إجابة عنها؟ أو أنهم يعرفون الإجابة لكنهم رغم ذلك يسألون.

لكني بكل صدق أتعجب منكم أنتم معشر الرجال لأنكم تستعذبون الألم وتجدون متعتكم فيه، وتعيشون بداخله مثل السلحفاة، وقد تتوقف حياتكم بفقدكم لحب ملك عليكم قلوبكم. هل هو نوع من التعويض؟ أي تعويض، ولماذا؟ ألستم تتميزون بالشجاعة والإقدام في الحروب؟ فلماذا إذن تخسرون معارككم مع النساء؟

أم أن انسحابكم من الحياة عند خسارتكم لحبٍ ما، هو نوع من التعبير الأناني كالذي عند الأطفال، عندما يتعلق طفل بلعبة ويأبى أن يتشاركها مع بقية الأطفال الآخرين، ويهون عليه أن يحطم هذه اللعبة بدل فقدها بطريقة ما، ليس هو جزءاً منها؟

ألا تعتقد بأنها أنانية؟ وهل تظنون أن النساء مجرد لُعب للهو والامتلاك؟

أرجو ألا تعتقد بأني أسخر، لأني جادة في هذه التساؤلات العابرة، وحين يصل إليك هذا الخطاب حاول أن تعرف الإجابة، لكن احتفظ بها لنفسك فقط.

إنني أتساءل أيضاً؛ إذا كان الله سبحانه وتعالى قد خلقنا ليكمل بعضنا بعضاً، وأعني الرجال والنساء، فالكون لا يتسق إلا باجتماعنا؛ فلماذا هذه الحرب الكونية الدائرة بيننا، أو لأجلنا دون أن تتوقف؟

لماذا يحاول كل فريق هزيمة الآخر ليحتفي بنصره، رغم أنه وبالتجارب المتكررة ليس هنالك منتصر ومهزوم في هذه الحرب. بل الفريقان متعادلان، إذن لمَ الحرب؟ ولم التنافس؟ وعلى ماذا؟

لست بصدد إعطائك محاضرة حول سر العلاقة بين آدم وحواء، لكنني أكتب إليك هذا الخطاب الذي ربما كان الأخير، لأنني لن أعاود الكتابة إليك حتى وإن أرسلت لي سيلاً من الخطابات، لأسبابي التي أحتفظ بها لنفسي.

لا أدري سر العداء التاريخي المتوارث بين الرجل والمرأة، ويظهر هذا العداء بصورة سافرة في كتابات بعض الرجال والنساء، الذين يحاولون إظهار عيوب الآخر، وتعميم هذه العيوب على الجميع بلا استثناء ودون أن تكون هنالك عدالة في هذا الهجوم المتبادل، فالرجل في كتاباته يجعل الأنثى محور سرده واصفاً إياها بالأفعى السامة وتارة تمثل لديه الغواية في أقبح صورها، ويَراها مجرد تابعٍ للرجل.

وتكتب المرأة حين تكتب عن سي السيد الذي يريد من المرأة أن تكون جارية تحت قدميه لخدمته ومتعته.

لكني أخالف كلا الرأيين. أعتقد أن هنالك تحاملاً من كليهما، وربما كلا الفريقين قد مر بتجارب مريرة مع الطرف الآخر، لكن هذا ليس مبرراً للتعميم. ورغم معاناة حواء من آدم وتقلباته ونزواته إلا أنهما

في نهاية الأمر مترابطان يكمل بعضهم بعضاً وفقاً للناموس الكوني.. أتوافقني الرأي؟

هل تجد في حديثي هذا خروجاً عن فحوى الخطاب أو أني أتعمد ألا أعطيك إجابات قاطعة تنتظرها بفارغ الصبر؟

بالطبع ما كتبته في الأعلى لم أرد به أن أطلعك على مقدراتي الكتابية ولا ثقافتي العامة لأن هذا الأمر لا يعنيك في شيء، لكني أقول بصدق إنني عندما قرأت خطابك الطويل الباكي المتذلل اعتبرته هروباً من الملل الذي تعيشه في حياتك.

ورغم أني قد فهمت تماماً ما بين السطور وإحساسك المرير بالخيبة والندم على فقدي، إلا أنه يؤسفني أن أقول لك إنني لست طبيبة نفسية ولا معالجة اجتماعية، حتى أخرجك من دوامة الملل الذي تعيشه بشيء من الرضا والاعتياد، وليس ثمة وصفة علاجية يمكنني إرشادك إليها.

لكن عليك أن تعلم أن ثمة أشياء تقابلنا في حياتنا لا يد لنا فيها، وليس بمقدورنا السيطرة عليها ولا نستطيع أن نغير في تاريخ حدوثها وأوقات وقوعها. علينا فقط أن نحتمل ما تأتي به الأيام الحبلى بالمفاجآت.

هل تعلم أن رسالتك لي حيرتني كثيراً، لأني كنت أقرأ ندمك وخيباتك المتكررة وحزنك على ماضٍ لن يعود.

لا أدري لماذا تخبرني الآن بأن غلطة عمرك، التي ارتكبتها كانت رضوخك لرغبة والديك مفضلاً ذلك على رغبتك، وأنك لم تستطع أن تحب زوجتك قط رغم إنجابكما نصف دستة من الأطفال؟

كيف تريدني أن أصدق أن قلبك لم يتحرك نحوها، رغم أنكما تعيشان حياة زوجية مستقرة ورتيبة؟ هل تريدني أن أصدق أنك بعد أكثر من عشرة أعوام قد اكتشفت مصادفة أنك لا تحب زوجتك وأم أولادك. وتريد في لحظة أنانية منك أن أعود إليك مرة أخرى، لتعيش حياة أخرى تعوض بها ما فاتك من سعادة؟ يا لها من أنانية مفرطة.

اسمح لي أن أقول إنك موهوم أو مريض، لأنك تعلم تماماً أني لن أعود إليك ولن ألتفت للوراء مرة أخرى.

ربما تعتقد جازماً أنني أشمت بك أو أني قد ثرت لكرامتي، بعد أن رأيت دموعك بين السطور وسمعت صوت نحيبك يخرج من بين كلمات الخطاب. لكني ويا للعجب لم أشعر بأن لي رغبة في الانتقام أو التشفي، بل أشفقت عليك وعلى تلك المخدوعة التي تعيش معك، قد تتعجب.. نعم أشفقت عليك من هذا التناقض الذي تعيشه.

هل تسمي حالتي هذه تسامحاً، أم تسامياً فوق الآلام والجراح؟ هل أنا من الملائكة أم أنني أختلف عن البشر، قطعاً لا.. فكل الذي أعرفه أنه لم يعد لي رغبة في الانتقام منك أو محاولة التشفي ثأراً لكرامتي التي أهينت، بعد أن رأيتك في أضعف حالاتك متجرداً من قوتك، وغفرت لك ما فعلت بي، ليس لأجلك ولكن لأجل أن يظل بين الناس ذلك الخيط الرفيع من التراحم والمودة، وليكون بيننا وبين حيوانات الغابة فرق، وحتى تتعلم أنت أن تغفر لغيرك إن أخطأ بحقك.

هل تعلمت الغفران وغفرت لمن ظلمك وغدر بك، أم أنك لم تجرب طعم الغدر بعد؟

لا أكذب عليك إن قلت لك إن ما فعلته بي قد ترك جرحاً دامياً وأثراً بالغاً في نفسي، لكني رغم ذلك تعافيت.

تعافيت من ذلك الحب ومنك، ظللت لمدة طويلة حبيسة جدران المنزل حتى ظن أهلي أني أعاني مرضاً نفسياً، أو أن عيناً أصابتني أو أن جناً تلبسني لكنهم لم يعلموا أني كنت أتعافى منك باجترار الذكريات وتمزيقها في وجداني.

كنت كلما جاءني طيفك أخرجت ما بنفسي من حزن وغضب وكره، كنت أتعافى بطريقتي. أصدقك القول؛ حاولت كثيراً لكني فشلت في التعافي بسهولة ويسر، لكني بدأت رحلة أخرى علها تكون دافعاً لي لنسيانك، بدأت رحلة الحصول على درجة علمية رفيعة، وشغلت نفسي بالعمل والدراسة، فقلت زيارة طيفك حتى تلاشى وانعدم.

أذكر جيداً ذلك اليوم الذي جئتني فيه معتذراً ومتحللاً من وعدك لي، نظرت إليك طويلاً كأني أراك لأول مرة. كأني ما عرفتك قبلاً. ظللت أنظر للبعيد وأنت تتحدث دون توقف شارحاً موقفك، لكني مضيت. تركتك وعدت لمنزلي وأنا مذهولة، لم أدرك ما حدث إلا بعد أن سمعت بزواجك المتعجل من أخرى.

هل جئت بعد كل هذه السنوات لتحاسبني؟ أتحاسبني على بكائي لضياع سنوات عمري في انتظارك؟ أتحاسبني على محاولة محو صورتك من جدار قلبي؟ على ماذا تحاسبني؟ بل لماذا تحاسبني؟ من أعطاك هذا الحق؟! لقد تلاعبت بأحاسيسي ومشاعري ولم تقم لهما وزناً.

كنت أنانياً بالقدر الذي أجبرتني فيه على الوقوف في وجه أسرتي

مدافعة عن رجل جبان. دافعت عن حب هزيل وُلد أعمى ومشوهاً! أدخلته العناية المكثفة وناضلت كي يعيش، لكنه خذلني ومات قبل أن ينمو جيداً.

كنت قوية بما يكفي لأحافظ على حبنا لكنك تهاويت عند أول ضربة. كنت أكثر منك شجاعة وجرأة، أعلم ماذا أريد. لكنك كنت متردداً ولا تعلم ماذا تريد، كنت تبحث عن إطراء الآخرين لك وإن كان على حساب نفسك!

يهمني جداً أن تعلم أنني استطعت نسيان حبك، هل تصدق هذا الأمر؟ لكن لماذا تقول لي الآن إني حب حياتك؟ وهل يعرف قلبك الحب والمشاعر؟ هل لديك أحاسيس؟ هل تدري أنها ليست مجرد كلمات.. إنها إحساس ونبض وحياة.

مضت سنوات عسيرة استطعت فيها التخلص من حبك ومن ذكراك ومحوت صورتك من قلبي! هل انتهت الحكاية؟؟ لا.

دوماً البدايات قاسية مخيفة.. نخشاها.. لكن حالما نخوض في تفاصيلها تصبح أمراً عادياً لا غرابة فيه. هكذا كان أمر نسيانك الذي بدأ صعباً ومراً، اعتقدت أني لن أعيش دونك وأن مصيري مرتبط بك.

لكن كذبت الأيام هذا التوهم، وساعدتني الأيام على تخطي عتبة ذكراك وعجل بالنسيان تسارع الأحداث.

هل تصدق؟ لقد شُفيت منك. لعلك حين تقرأ الرسالة تضحك ساخراً من محاولتي إيهامك بأني نسيتك لكنها الحقيقة. لقد نسيتك.. تصدق أم لا؛ هذا شأنك. تعافيت من إدمانك. لم أفتقدك.

ربما يتبادر إلى ذهنك سؤال وهذا حقك بالطبع! وأكاد أسمع تساؤلك: هل ينسى المحب محبوبه ولو قسا عليه؟ وأُجيبك على سؤالك الافتراضي بنعم.

ينساه وينسى ملامحه إذا غرز هذا المحب في قلبه خنجراً مسموماً وقتله غدراً. نسيتُك ومحوت تلك الصورة التي رسمتُ ملامحها في قلبي. محوتها وحلت مكانها صورة سوداء لا ملامح لها ولا تفاصيل.

هكذا نسيتك، ولسنوات طويلة ظللت غائباً عن ذاكرتي وذكرياتي. وضعتك في ركن قصي مظلم وأطبقت عليك حتى الموت.

ما كنت سأتذكر شبحك الذي تراءى لي فجأة بين الخيالات البعيدة المتراقصة لولا رسالتك المتوسلة النادمة، التي جعلتني أتخيل شكلك البائس بعد سنوات أجبرت فيها نفسي على عدم رؤيتك مرة أخرى.

هل تعلم أنني ممتنة لك بحياتي الجديدة السعيدة، فلولا الألم ما عرفنا طعم الحياة ولولا عقبات الطريق ما وصلنا إلى حيث نريد.

صدقني لا رغبة لي في معرفة تفاصيل حياتك الشخصية، ولم أرغب يوماً في ذلك، لكنني أتخيل أنك تعيش مذعوراً كفأر حبيس في قفص تحرسه هرة.

لا أدري لَمَ أقحمتني في تفاصيل حياتك المتناقضة مع امرأة لم تحببها يوماً. هل هو الخوف والإذعان لرغبة من يسيطرون على حياتك؟ هل هو الملل من حياة لا روح فيها؟ مهما قلت، لن تعيدني إليك اعترافاتك المرتجفة ولا قسمك المغلظ بمنحي سعادة لا تملكها لنفسك، فكيف تمنحها لغيرك؟

ماذا أفعل بحزنك وخيباتك المتكررة في الحياة؟ ألأنك عشت لترضي الآخرين ثم تخسر نفسك؟ ماذا جنيت بعد كل هذه التضحيات التي تدعي أنك التزمت بها إكراماً وامتناناً للآخرين؟ ماذا كانت النتيجة؟ حياة مليئة بالتناقضات وامرأة ظُلمت منك، لأنها عاشت معك متوهمة حبك الذي بخلت به عليها وتركتها صورة لأجل المجتمع، ما ذنبها؟

ماذا أفعل أنا باعترافات متأخرة؟ هل ترغب حقاً في صفحي عنك؟! نعم سأصفح عنك لأنك لا تعني لي شيئاً الآن!

كم أنت أناني ونرجسي؟ هل تصدق أن تلك المرأة التي كان يضعفها حبها لك لم تعد الآن موجودة؟ لقد ركلت ضعفي بقوة، واخترت طريقاً آخرَ لا يوصلني إليك، أنا امرأة أقسمت ألا تحول حياتها لخسارات وندم لأجل إنقاذ بقايا حب دفن قبل الأوان.

لقد تعافيت من حبك، بل قل من دائك! اعذرني. لا وقت لدي. لا قلب عندي، ولا حزن لدي. أتلومني على قسوتي عليك؟

ما أقسى أن تكون أنانياً حد الإفراط لتحافظ على ما تبقى من قلبك؟ لست امرأة موسمية يحتاجها الرجل عندما تنغلق عليه أبواب الحياة ثم يتلفت باحثاً عمن يفتحها، فلا يجد سواها فيلجأ إليها منكسراً! أنا لست تلك المرأة.

آهِ.. تذكرت؛ لم أحكِ لك عن قلبي المفعم بحب جديد، كنت أتوهم أنني لن أعيش بعدك لكن قلبي كذب توقعاتي وتوهماتي حينما وضع القدر في طريقي من استطاع أن يفتح أقفال قلبي الصدئة، بعد سنوات طويلة.

كاد قلبي أن يخرج من جسدي وأنا أتمسك بهذا القلب وأستجديه

أن يظل في مكانه، ولا يفضح أحاسيسي، هل أصفه لك؟ هل أصف لك ذلك الرجل البلسم الذي داوى آلام قلبي وضمد جروحه وطببها؟

أخرجني وليد (هذا اسمه) من الحزن الذي أطبق علي، علمني أن الحياة جميلة ونستحق أن نعيشها بكل تفاصيلها، لا أن نتعس بها، علمني أن السعادة تكمن في التسامح والتغاضي والترفع عن الصغائر، علمني معنى تنظيف القلب من أدران الحسد والحقد وحب الانتقام، أخبرني أن الشخص المنتقم هو أتعس الناس لأن حياته تدبيرٌ للمكائد والفتن.

تعلمت منه أن الحياة قصيرة جداً ولا تحتمل كل ذلك البغض الذي يحمله البعض في قلوبهم، قال: إن علينا أن نستغل الحياة في إسعاد أنفسنا والآخرين، دون أن نبحث عن أسباب التعاسة والشقاء.

هون علي آلامي وبث في قلبي الأمل، يقول لي لا تدعي الحزن يحطمك يا فيروز، لا تعطيه هذه الفرصة فيهجم عليك، أخبرني بضرورة أن نواجه مشاكلنا لا أن نطبطب عليها لتزيد وتتفاقم.

تعلمت منه أن أعيش كل لحظة في حياتي، كأنها آخر لحظة لي في الحياة ومن خلالها أسعد نفسي والآخرين.

صار وليد طوق نجاتي، الذي أنقذني من الغرق. فتح لي مساراً جديداً في الحياة يخلو من البغض. كان مثل الملاك الذي هبط من السماء، لم يتلوث بأدران البشر.

طيَّبَ دواخلي وسبر أغوار نفسي، تودد لي بعزة نفس. تقرب مني بهدوء، أعطيته فرصة الاستحواذ على قلبي، فطرت حباً وسعادة.

صرنا مثل طائري الكناري، نحلق معاً في سماء السعادة، لقد مسح بيده على أحزاني فتلاشت.

قال لي: أنت سنبلة خضراء تُهدي الناس الأمل والحياة. كوني دوماً معطاءة لتبقي قوية تدفعي عنك الألم الذي يسببه الأعداء، لا تعطيهم فرصة النظر إليك والتحدث معك، بل سيري في طريق النجاح والقوة دون أن تلتفتي للوراء. أنت قوية، أنت سنبلة.

هَأنت ترى الآن نتيجة هذا الحب. تركت محاولة الانتقام منك، تركتك لنفسك ومضيت إلى حيث الصفاء والنقاء والقوة. أجدني الآن مضطرة أن أقدم لك شكري وامتناني، فلولا جبنك وغدرك ما تفتحت أزهار قلبي ولا عرفت الحب مرة أخرى. الحب الذي جعلني أغير نظرتي للحياة.. أن أحبها وأسامح من أجلي وأجل سعادتي قبل الآخرين.

هل يبدو حديثي هذا خارجاً عن سياقه؟ هل تظن أني أريد أن أثير غيرتك بمدحي للرجل الذي غير مجرى حياتي ومنحني السعادة دون مقابل؟

لا. بالطبع لست كذلك، لكن أجد نفسي مجبرة لسرد بعض التفاصيل، علّها تساعدك على تعديل طريقة تفكيرك، وتقلل من أنانيتك لتعود راشداً لبيتك وزوجتك وأبنائك. أريدك أن تنسى أنك عرفتني في يوم ما، فأنا لست لك ولن أكون. لست دمية تلقيها بعيداً ثم تعود فتجدها في ذات المكان تنتظر قدومك لترفعها عن الأرض! لقد خططت لحياتي بعيداً عنك فامضِ بعيداً عني ودعني أحيا الحياة التي اخترتها مع من أحببت بحق.

أستقل الآن الطائرة مغادرة إلى وليد.. زادي في الحياة من بعد الله. لن تراني ولن تسمع أخباري التي كنت تتصيدها مثل لص محترف.

تفرح بعثراتي وتحزن لنجاحاتي. هكذا هي الحياة رحلة نجاح وفشل، عثرات وصمود وتحدّ. خبرات تعلمنا أن لا نستسلم لليأس، وأن الحياة إن أظلمت فحتماً سيأتي الضوء منبعثاً يحمل معه الأمل من جديد. كان وليد هو الأمل الذي انبعث من ضوء الحياة.

أتركك بسلام.

فيروز

مطار الخرطوم.

الليلة الأخيرة

كان اليوم مرهِقاً وطويلاً وأنا أجوب الطرقات، لم أحظ بشيء أتناوله، كنت أبحث في القمامة عن لقمة تسد جوعي فأنا لم أتناول طعاماً منذ يومين، عندما رأيته أول مرة يدلف للبقالة الكبيرة، يفوح منه عطر ذو رائحة نفاذة تسللت إلى أنفي فاستطابتها نفسي، وقفت بجوار عربته أنتظر خروجه لعله يجود عليَّ بقطعة نقود أو طعام. بدا الإعياء واضحاً عليّ، ولا أكاد أتماسك حتى لا أقع على الأرض، عندما رأيته شعرت نحوه بالألفة؛ فشكله هادئ وربما شعر بجوعي وحاجتي. ودون أن أمد له يدي أو أتوسله جاءني مسرعاً ومتسائلاً: هل أنت مريض يا بني؟ أجبته: لا، ولكنني أتضور جوعاً. لم يكذب ظني فيه، عاد أدراجه لداخل البقالة وجاء محملاً بما لم أحلم به، وضع الكيس أمامي وأخرج نقوداً لم يحسبها ووضعها على يدي المتسخة. خجلت من نفسي عندما رأيت نظافته ورائحة عطره وملابسي الممزقة ويدي المتسختين، مسحت يدي بقميصي الممزق حتى أنظفها ثم أتناول النقود النظيفة، لكنه ابتسم وقال لي: لا عليك يا بني. ثم رفع يده النظيفة المعطرة ووضعها على رأسي مربتاً، ثم أردف: إن احتجت شيئاً تعال إلى صاحب البقالة وخذ ما تريد.

ظللت أنظر إليه طويلاً حتى غاب عن ناظري وسط الظلام، نظرت للنقود في يدي وللطعام في الكيس ولمستهما جيداً، حتى أتأكد أنني متيقظ ولا أحلم، وأن هذا الطيف الذي مر بي الآن ليس ملاكاً بل إنسان حقيقي، فمنذ أن جئت للخرطوم باحثاً عن الأمان الذي لم أجده والجميع ينتهرني ويبتعد عني، كأني مصاب بالجرب أو خرقة بالية ممزقة ملقاة على قارعة الطريق، يبعدها المارة عن طريقهم وهم يسيرون. هل قذفتني الأرض لأجد نفسي وسط هؤلاء الساخطين المتأففين الذين ينعتونني دوماً بالمشرد وابن الحرام؟ من أخبرهم أنني بلا أم أو أب؟ من قال إنني مشرد بلا بيت؟ هم لم يسألوني، فلماذا يجيبون نيابة عني؟

حملت كيس الطعام وانزويت خلف بناء تحت التشييد وقبل أن تمتد يدي لأتناول الطعام، رحت أراقب ما بداخل هذا الكيس، الذي يحتوي على ما لم أشاهده في حياتي ولم أتذوقه، ودموعي تأبى أن تتوقف وتحدثني نفسي؛ هل هناك بشر مثل هذا الذي ربت على رأسي ولم يشعر بالقرف من رائحتي وسد جوعي وأوقف صراخ بطني؟ إذن لماذا يبتعد عني الناس ويتأففون من رؤيتي؟ لماذا لا أجد بيتاً يأويني سوى الطريق؟ آكل من بقايا طعامهم ومن مكبات القمامة، وأشرب ما تبقى من قارورات المياه الملقاة على الطريق.. أنام بنصف عين خوفاً من الكلاب الضالة وبقية المشردين الذين يتعاملون بعنف وقسوة!! تناولت طعاماً نظيفاً، ربما هي المرة الأولى التي أتناول فيها طعاماً جُلب لي خصيصاً منذ أن جئت الخرطوم. شعرت بالزهو وأكلت كما لم آكل من قبل، وشربت ماءً نظيفاً، ثم لملمت ما تبقى من طعام لأتناوله في الغد بمشاركة جدو.

استلقيت على ظهري محاولاً النوم لكنه أبى، بعد أن زاحمته الذكريات البعيدة التي تتراءى لي مثل أطياف وخيالات متراقصة، لم يكن ثمة أحد حولي ليقطع علي هذه الذكريات المؤلمة.

كنت ضحية حرب لا ناقة لي فيها ولا جمل، يتقاتلون هم ونخسر نحن! يقبضون المال ونفتقر نحن، ينام أطفالهم في البيوت الآمنة والدافئة ونتشرد نحن، نجوع ونتسول ونموت ضحايا لنزواتهم القتالية. ترى لماذا يتقاتلون؟ ولماذا يكره بعضهم بعضاً؟

منذ أن فررت من ذلك الجحيم الذي اشتعل بقريتنا أحمل أخي الصغير جدو، ذا العامين، علمت أننا لن نحصل على أسرة ولا بيت ولا حب، ذلك الحب الذي فقدناه حين فقدنا أبوينا في ذلك الحريق.

لملمت أمي بقايا طعامنا ونثرتها لدجاجاتنا الملونة، نظفت بيتنا الدافئ المكون من غرفتين من الطين المكسو بالأسمنت، تضمهما عريشة كبيرة من القش والعيدان اجتهدت أمي لتجعلها مريحة، فرشت عليها رمالاً حمراء اللون، ووضعت زير الماء البارد بجانب باب المظلة، ثم ثلاثة أسرة من الحطب مشغولة بجلد البقر. أمي تحب الشاي كثيراً، ساعدتها في بناء حوض لزراعة النعناع، كانت رائحته تعبر إلينا عبر فتحات القش الصغيرة. وقت الشاي كان وقتاً مميزاً لأمي؛ فحينما تصنع الشاي تستلقي على جانبها وترشفه بصوت عالٍ، ودون أن تحسب عدد الأكواب التي تناولتها، تنفتح لديها بوابة الذكريات فتحكي عن حياتها وكيف عاشت قبل أن تتزوج أبي، تخبرني عن جدي البطل المقاتل، الذي يخيف عصابات الماشية. كان جدك يا بُنيّ شجاعاً قوياً وحكيماً، ليتك تشبهه طبعاً كما أشبهته شكلاً، تنزل منها

دمعة طويلة وكأنها تعرف طريقها في خد أمي حينما تداهمها ذكرى والديها العظيمين.. على حد قولها.

تسترسل في سعادة بعد أن تمسح تلك الدمعة اليتيمة. جدتك يا بني ست النساء، سماها أبوها ست النساء حتى تصبح كما أراد لها؛ ناجحة وشجاعة، كانت مثل الشامة بين إخوتها، يستشيرها جدي في كل ما يستلزم الرأي الصائب والحكمة والشجاعة، ومثلها يتسابق إليه الفتيان فحظي بها جدك يا بني، لأنه كان يشبهها، قوياً وشجاعاً وحكيماً. حين تزوجت جدتي ست النساء من جدي عبد الكريم استأذن أباها ليرتحلا إلى قريته التي تقع على بعد كيلو مترات كثيرة، من قرية جدتي، بعد أن مكث معهم قرابة العام، وكانت رحلة الأحلام، إذ حملا معهما كل شيء، يمكن أن يحمل على ظهور الجمال والجواميس، كانت رحلة تضج بالألوان والعطور والفرح وأصوات الغناء والنم، استغرقت ثلاثة أيام في الطريق؛ معها إخوتها الرجال.. عزوة وفخر.

لما استقر بها المقام أصبحت هي الآمر الناهي، ترك لها جدي قيادة البيت وتفرغ للزراعة والفصل بين المتخاصمين وقيادة القرية بعد والده.

كانت جدتك يا بني امرأة جميلة وقوية، بعد إنجابنا تفرغت لتربيتنا ولم تغادر البيت أبداً، كانت تخاف علينا العين والحسد بعد أن فقدت ثلاثة من أبنائها على التوالي، كانت تغمر البيت بالبخور وتقرأ بعض التعاويذ لحفظنا.

يا لها من امرأة، أمي امرأة عظيمة، ليتك رأيتها يا بني، أسألها ببراءة الطفولة: أين ذهبت جدتي؟ فترد بصوت باكٍ: ماتت يا بني.

وكيف هو الموت يا أمي؟ الموت شبح لا نراه حين يأتينا يخطف أرواحنا ويغادر. وأين يذهب بها؟ يذهب بعيداً بعيداً، ولا يأتي مرة أخرى إلا ليأخذ روحاً أخرى.

دون شعور مني، نهضت عن الأرض وتمددت إلى جوارها وأبعدت جدو وراء ظهرها، أخبرتها أني خائف من الموت فقالت لي: الرجال لا يخافون الموت بل يذهبون إليه في مكانه. إذن هو يأتي ليأخذ النساء والأطفال فقط؟ الموت قدر محتوم يا بني. تلعثمت في إجابتها خوفاً من أسئلتي التي لا تنتهي وضمتني إلى صدرها فنمنا ثلاثتنا أمام موقد الشاي.

أين أنت يا أمي لتضميني إلى صدرك بعد أن كبرت وعركتني الحياة تحت حوافرها؟ من يصدق أنه كان لي بيت وأم وأب، وأنني مثل بقية الأطفال كانت لي أحلام؟

توسدت حجراً كبيراً وضممت كيس الطعام إلى صدري، وتقرفصت حتى أستدفئ بجسدي المنهك من برودة الطقس، فالوقت شتاء وجسدي لا يحتمل. حاولت النوم، تقلبت على الأرض، توسلته لكنه رفض المجيء، تركني وذكريات تدمي قلبي، فلن تعود أمي ولن يحملني أبي على ظهره، كلاهما اختطفهما الموت أمام عيني.

عاد أبي من زراعته متعباً وأيقظ أمي بهدوء مربتاً على كتفها حتى لا نستيقظ أنا وأخي، ولما أحس بحركتي دعاني لمشاركته طعام الغداء، ذهبت أمي لتحلب لنا الشاة الوحيدة التي تبقت لنا بعد أن باع أبي اثنتين وذبح اثنتين لضيافة أهلنا الذين زارونا من مكان بعيد.

جمعت أمي أواني الغداء وجلبت القهوة لأبي، ووضعت الحليب على النار، جاءتني رائحته المميزة، في المساء ساعدت أمي على ترتيب الأسرَّة في فناء الدار، تناول والدي الشاي بالحليب، واكتفينا أنا وجدو بالحليب الطازج دون إضافات. ألصقت سريري بجوار أبي الذي يعجبه جداً أن يحكي عن مغامراتهم في الصيد، وعن أحلامه لترك القرية والسكن في المدينة لنحظى بتعليم حُرم منه وإخوته، كان يريدني مديراً كبيراً أو ضابطاً في الجيش، وكنت أسأله ماذا يعني «مدير»؟ فيشرح بفرح طفولي ويقول بابتسامة وافرة «أنت ستغير هذا الواقع يا بني». لم أكن أفهم أشياء كثيرة مما يقول لكنني أشعر بأن ما يقوله شيء مهم، كانت أحلامه كبيرة وفي تلك الليلة فتح خزانة أسراره لطفل لم يكمل السابعة بعد. كان يحكي بارتياح وكأنه يتحدث مع نفسه، تحدث كثيراً أكثر من كل يوم، فهل كان يعلم أنها الليلة الأخيرة، وأنه لن يستطيع أن يحكي لنا مرة أخرى؟ مات أبي ولم يحقق حلمه بمغادرة قريتنا الصغيرة، مات أبي قبل أن أحقق حلمه في التعليم وأن أصبح مديراً كبيراً، مات أبي قبل أن يكمل لي حكاياته وأساطيره. مات أبي وبقايا ابتسامة ما زالت مرتسمة على وجهه، ولحقته أمي التي ماتت ولم تكمل جدل ضفائرها بعد، ولم تمسح دهنها حلو الرائحة على تلك الضفائر الطويلة.

السماء صافية ولا أثر لسحب أو بقايا أمطار بعد أن انتهى فصل الخريف تاركاً آثاره على الأرض والحيوان، خضرة وصحة.

جدو أخي الصغير يشارك في الحديث بطريقته المضحكة، إذ لم يعتدل لسانه ولا وضحت حروفه، يطلق ضحكاته متجولاً بين أبي وأمي، يلثم هذا ويقفز فوق ذاك، وكأنه كان يعلم أنها الليلة الأخيرة.

في ذلك المساء احتضنني أبي بقوة طالباً مني النوم بجواره، وبقي جدو مع أمي. أبي وأمي يتهامسان ويضحكان ويسترجعان ذكريات زواجهما الأولى ورائحة عطر أمي تضمخ المكان. هل كانا يعلمان أنها الليلة الأخيرة؟

استيقظت باكراً بعد نوم دافئ، دلفت إلى الداخل وجدت أمي قد حضرت الشاي مع الزلابيا اللذيذة وحبيبات السكر المتناثرة عليها تغري بالأكل، جلست بجوارها، أخذت قطعة وأتبعتها بأخرى، أبي يستمع للأخبار من راديو صغير يعمل بالبطارية، يضعه على أذنه ليعرف ماذا تم بشأن الهدنة بين الحكومة والمتمردين.

لا أظنها أخباراً مبشرة، فقد أغلق أبي الراديو سريعاً وتغيرت ملامح وجهه، طلب من والدتي إحضار الشاي لأنه سيذهب اليوم باكراً للزراعة.

كنا نحن الأربعة نرشف الشاي بالحليب ذي النكهة المميزة ونأكل حبات الزلابيا، بينما تتصاعد غلالات رقيقة من دخان بخور، زكي الرائحة، حينما أخبر أبي أمي بانقباض قلبه فجأة؛ ضحكت أمي وطمأنته بأن لا شيء مما يفكر فيه سيحدث، قريتنا بعيدة ولا نملك شيئاً يغري المتمردين، هدأ أبي وتغير الحديث لأمور أخرى. تحدثا في أمورٍ كثيرة وخططنا لمستقبلنا أنا وأخي، قال أبي إنه يخبئ بعضاً من المال لتعليمي، وأنني سأذهب بداية العام لأدرس مع ابن عمه الذي يقطن في المدينة، اعترضت أمي لكن أبي أسكتها بإشارة من يده وأردف قائلاً «إن عمري قد تجاوز السادسة بشهور والعلم في الصغر كالنقش على الحجر». استسلمت أمي وهي تنظر نحوي بحنان كأنها

ستودعني الآن، ضحك والدي من خوفها علي وأخبرها أن أمامي شهرين قبل أن أسافر للمدينة، ثم قال: يمكن في هذه المدة أن يشبع بعضكما من بعض.

فكت أمي جدائلها وراحت تمشط شعرها الأسود الغزير الذي يزيدها جمالاً، كانت أمي جميلة بأنفها الدقيق، ولون عينيها الذي يشبه لون العسل، تضع في أنفها زماماً كبيراً ومدوراً يزيدها جمالاً، تجدل ضفائرها ببطء وتحكي لأبي وتوصيه ببعض مستلزمات بيتنا الصغير، وأبي ينظر إليها بحب، لم يحول نظره عنها، ولعله في تلك اللحظة المتوقفة من الزمن، قد نسي تعجله بالذهاب للزراعة. كنت أنظر إليهما وهما يتبادلان نظرات المحبة والشوق. لم يذهب أبي للزراعة ولم يجلب وصايا أمي التي لم تكمل تلك الجدائل الملساء، لأن الموت كان ينتظر بالباب، زارنا ذلك الشبح في شكل بشر أفرغوا غضبهم على حبنا، نهشوا سعادتنا برصاصهم، غاظهم أننا سعداء وأننا نضحك ولا نبالي بالدنيا، حرموني وأخي ذا العامين للأبد، من ذلك الحضن الدافئ.

لعله يوم، أو بعض يوم، حينما صحوت من تلك الإغماءة ووجدت أن أخي جدو يرقد جوار أمي، التي تهشم فيها كل شيء، وروت دماؤها تلك الرمال الناعمة، واختلطت بها كأنها لا تريد فراقها، وأبي الفارس القوي ذو الأحلام الكبيرة لم يستطع من هول المفاجأة التصدي لهؤلاء الغادرين، ما ذنب أبي وأمي، ليكونا ضحية لعبة بين حكومة ومتمردين؟ فليتقاتلوا بعيداً عن الأبرياء ولينهوا حساباتهم دون ضحايا لا ذنب لهم.

نظرت لجثتين مشوهتين لم أكد أعرفهما، وناديت بأعلى صوت

أستطيعه (يميييي، أبووووي) ولا مجيب. حركتهما ولا استجابة. كنت أنظر إليهما ولا أستطيع التركيز، لم أستطع البكاء فقد تحجرت الدموع، لم أكن أعرف الموت بعد، لكني تذكرت حكايا أمي وموت جدتي، لم أظنه قاسياً بهذا القدر.

ماذا فعل والداي ليكون جزاؤهما الموت؟ ما زلنا صغاراً نحتاج إليهما، كيف يتركاننا هكذا؟ حينما داهمنا الجنود وقتلوا أمي وأبي؛ لم يتحدثوا.. كانوا صامتين وملثمين، لم ينتظروا ليعرفوا أننا أسرة سعيدة لا تملك من الدنيا سوى بيت وشاة، حوض نعناع وضحك وحكايات، لا نعرف القتل ولا شاركنا فيه، لا رأي لنا ولا نعرف الحكومة ولا المتمردين ولا فيم يقتتلون، فلماذا نكون ضحايا لشيء لا نعرفه ولسنا طرفاً فيه؟

كان جدو يمسك بشعر أمي ويجره عليه لتستيقظ، ولما لم تحرك ساكناً انفجر باكياً فبكيت لبكائه، انسحبت للخارج بخوف وهالني ما رأيت.. بعض النساء والأطفال وقليل من الشباب ممن نجوا من الموت، يحملون قليلاً من الأمتعة ويفرغون القرية، لماذا لم يتفقدونا؟ هل ظنوا أننا متنا جميعاً؟ أم هول المفاجأة والخوف جعلهم لا يلتفتون خلفهم؟!

هرولت مسرعاً للداخل، لم أبحث عن شيء ولم آخذ شيئاً حتى زمام أمي تركته على أنفها يتوهج من انعكاس ضوء الشمس عليه، وسكين أبي الثمين على ذراعه، حملت جدو ولحقت بالقافلة الهاربة من القرية، بعد أن استحالت لرماد أسود. كنت أجري ودموعي تتناثر يمنة ويسرة لا أدري إلى أين، لكني خرجت مثل الخارجين وتركت قريتي خلفي.

ثلاثة أيام بلياليها ونحن نجد السير والخوف يلاحقنا، ويضخ بداخلنا القوة لنبتعد ونهرول بعيداً عن أولئك القتلة، في الطريق ماتت الجدة حواء.. امرأة كبيرة السن قُتل جميع أولادها الذكور، ولم يبق لها أحد، فلحقت بهم بعد أن أعياها المشي، مات آدم صاحب الدكان الصغير الذي نشتري منه حاجياتنا، لم يستطع المواصلة فسقط مغمياً عليه، ولما أصبح علينا الصباح كان قد فارق الحياة. انقسم جمعنا وبقينا أنا ومالك وعلي وزنوبة وحدنا، كانت زنوبة تساعدني في حمل جدو وتطعمه قطعة بسكويت أو قليلاً من (الكسرة) اليابسة التي جلبتها معها في كيس. زنوبة بنت الجيران جميلة وطيبة، لما رأتني وأخي لم تتمالك نفسها من البكاء، إنها ظنت أننا متنا جميعاً، لم يبق بيت لم يقتل فيه أحد. بعض الشباب كانوا خارج القرية ولما عادوا وجدوا حال القرية الذي تغير.

اجتهدنا للوصول لأقرب منطقة لنجد ما يساعدنا على الوصول لمركز المدينة. بدأت معالم الطريق تتضح وعدد من العربات الكبيرة التي تحمل البضاعة تظهر وتختفي، وقف علي ومعه مالك في وسط الطريق يوقفان عربة تقلنا، لم نجد، كانت العربات تتخطانا وتغير طريقها إلا عربة واحدة توقفت واشترط علينا السائق دفع مبلغ من المال؛ الذي لا نملكه، لكن مالك اتفق معه، وصعدنا العربة تغمرنا فرحة الهروب من الموت ولا نعلم ماذا ينتظرنا.

نصف يوم ونحن على ظهر العربة نجلس على جوالات البضاعة، ولولا زنوبة لمت من الجوع، وصلنا مدينة الفاشر، مدينة كبيرة ونظيفة لم أصدق أن هنالك مدناً كبيرة بهذا الحجم، وكنت أعتقد أن

قريتي كبيرة بما يكفي لتحتوي سكانها قليلي العدد، مقارنة بتلك الأعداد الهائلة التي وجدتها في الفاشر.

نزلنا من العربة دون أن نعرف وجهتنا، تمسكت بتلابيب زنوبة فقال لي علي «سنبحث عن عمل ولن نترككما إلا بعد أن نطمئن عليكما».

مكثت عامين في الفاشر، لم أترك عملاً إلا جربته، سكنا في أطراف المدينة في بيت صغير مع زنوبة ومالك وعلي، جميعهم كانوا يعملون ويدفعون أجرة المنزل.

سمعت من علي أنه يود الارتحال للخرطوم ففيها الفرص متوفرة، وبقيت زنوبة ومالك بعد أن تزوجا. رجوت علي أن يأخذني وأخي، قال لي لا تستطيع العيش هناك، إنها مدينة كبيرة، أكبر بكثير من الفاشر ولا أحد يهتم بأحد وستتعب، وكيف عرفت وأنت لم تغادر الفاشر؟ أجابني علي بأنه سمع الناس يتحدثون. بكيت وامتنعت عن الطعام، رجته زنوبة ليأخذني معه. قالت لي كيف ستهتم بأخيك وحدك؟ إنه الآن في الرابعة ويعرف كل شيء.. سنذهب سوياً.

علي حذرني بأنه سيوصلنا للخرطوم ثم يدعنا وشأننا، وافقت دون أن أعلم أن ما ينتظرني كان مخيفاً وليتني ما جئت، ليتي مت مع أمي وأبي. دلفنا لبطن الفيل كما أطلق عليها بعض الركاب، بعد رحلة مضنية وطويلة. كانت أحاسيسي متضاربة ما بين فرح وخوف، حزن وترقب، مجهول لا أعلم عنه شيئاً وواقع أراه أمامي يخبرني بكل شيء. منذ أن وطئت أقدامي الخرطوم وأنا في حالة بحث، ودرت، أمسكت بيد أخي وهمنا على وجوهنا دون أن نعرف لنا قِبلة ومكاناً.

نجوع فنأكل من القمامات، نقضي حاجتنا على ذات الطريق الذي ننام فيه ليلاً، تغيرت ملامحنا وضاق بنا الحال، عملت في غسل العربات وتلميع الأحذية ونقل الأغراض والشحاذة، انتميت لإحدى عصابات المشردين، ودخنت أعقاب السيجار، خطفت ونهبت وتعاركت.. انتصرت وهُزمت، تخدَّش جلدي وتغيرت ملامح وجهي، كنت أصحو ليلي كله خوف أن ينقض علي أحدهم ليلاً فيقتلني.

كل ذلك وأنا ما زلت ابن العاشرة، فهل تخبئ لي الحياة وجهاً آخرَ لم أره؟ بكيت وحدي وصرخت وحدي ومرضت وتعافيت فلم أجد يداً حانية تمسح على رأسي أو تربت على كتفي، الكل يعافني، الكل ينظر لي من جانب واحد وأنا أبحث عن وجه أمي وضحكة أبي بين الوجوه، فهل هذه هي الحياة وهذه هي الدنيا؟ كيف تضحك أمي بكل ذلك الضجيج الذي تحدثه ضحكاتها المتواصلة؟ وكيف يتحدث أبي بكل تلك الثقة؟ هل هناك حياة أخرى غير التي نعيشها الآن؟

قررت في نفسي أن أترك هذه الحياة، وأن أموت منتحراً لكني فكرت في أخي جدو ذي الأعوام الستة، ماذا يفعل وحده في بحر الحياة المتلاطم؟

جدو الذي أصبح كبيراً بما يكفي أن يبحث عن طعامه وحده.

لماذا تأخر جدو لهذا الوقت؟ أريده أن يتذوق هذا الطعام النظيف، ويشرب ماءً صافياً. هل يمكنني أن أصبح شخصاً متعلماً وواعياً ومفيداً؟ هل يمكن أن أجد بيتاً يأويني وأخي فنتوقف عن الشحاذة والسرقة؟ هل سأرتدي ملابسَ جديدة كتلك التي كنت أرتديها في بيتنا؟ هل أنا فرد من المجتمع أم أنني زائدٌ عن حاجته؟

الرجل الملاك الذي ساعدني جعلني أشعر بأنني إنسان، وبأنني يمكن أن أصبح شيئاً ذا قيمة. هل يمكن أن تكون هذه هي الليلة الأخيرة لماضٍ مؤلم وموحش، وبداية جديدة لطفل يكبر وفي قلبه حب الحياة والعمل؟ هل يمكن أن تكون هذه ليلتي الأخيرة لأودع عالم التسول والتشرد والخوف والعنف؟

أصبح الصباح وتفاجأ بأنه نام كثيراً ولم يشعر بأن جدو جاء واستلقى بجانبه ووضع قطعة قماش بالية لتدفئته. أين كنت طوال الليل؟ انتظرتك لنأكل معاً من هذا الطعام.

من أين جئت به؟ أعطانيه رجل كريم وغني وأعطاني مالاً كثيراً، انظر؛ يمكننا أن نشتري ملابس جديدة وأن نأكل طعاماً جيداً ويمكننا أن نستحم في تلك الحمامات العامة التي تدفع فيها نقود.

بدأ موسى يحكي لأخيه عن ليلة البارحة وكيف استرجع شريط الذكريات ورأى والديه وتحدث معهما، وعن عزمه على تحقيق حلم أبيه بالدراسة والعمل، وبأنه سيغير هذه الحياة التي يعيشها مع أخيه وسيجبر جدو على التعليم وترك استنشاق السلسيون الذي أثر على صحته. كانت أحلامه كبيرة وكان يحكي بحماس وعزيمة بعد أن وجد من سيساعده، هو وأخاه.

لسنا مشردين يا جدو، كان لدينا عائلة وبيت أنت تعلم ذلك، هل تذكر تلك الدجاجات الملونة التي كنت تجري خلفها لتمسك بها ولا تستطيع؟ هل تذكر تلك المعزاة البيضاء التي كنا نشرب حليبها الدافئ؟ هل تذكر حوض النعناع الذي كنت تبعثره فنعيد ترتيبه أنا وأمي؟ هل تذكر أمي بجدائلها الطويلة الملساء ودهنها حلو الرائحة، وأبي بشاربه

الكث وخنجره الذي لا يفارق ذراعه؟ ألا تذكر كل ذلك يا جدو؟ لقد اشتقت لبيتنا وقريتنا الوادعة التي لا ذنب لها، متى يأتي السلام والأمن لأعود إليك يا وطني الصغير؟

تلفت جدو يمنة ويسرة ويبدو أنه استمع بنصف عقل، لأنه كان يفكر في أمرٍ آخر، وقال لأخيه لا أذكر الكثير ولكني الآن أذكر جيداً أنني تشاجرت مع آدم في غسل عربة، وتعاركنا وقد هددني رغم أن الجميع يعلم أنني لست مخطئاً.. أقسم أن يقتلني.

هل نفر من القتل في قريتنا لنجده أمامنا؟ لن أتركه يقتلك يا جدو. أنت صغير ولا أريد لك أن تبدأ حياتك بمعارك وقتل، ليس لي أحد من أهلي سواك. لن أترك الموت يأخذك مني.

لكن آدم موغور الصدر كان يبحث عن وقت مناسب ليأخذ بثأره من طفل يصغره كثيراً.

صدفة التقوا جميعهم بجوار إحدى بائعات الشاي، فاستفزهما آدم وجرهما للمعركة، لم يكن وحده، كانوا ثلاثة ضد اثنين، تحركوا نحوهم، حمل موسى حجراً وجعل من جسده ساتراً لأخيه، أخرج آدم مطواة ودون أن يفكر في تلك الأحلام الصغيرة لموسى وتلك الأمنيات بوقف الحرب والقتل وذلك الحلم الكبير بالخروج من عالم التشرد؛ غرز تلك المطواة في قلب موسى الذي استبسل دفاعاً عن أخيه، لكن الموت كان يتربص به، مات موسى بعد أن أوصى أخاه بأن يحقق أحلامه الجميلة. جاءت الشرطة لتأخذ آدم وصحبه إلى السجن، وبعد يومين قضاهما موسى في المشفى صعدت روحه لتلحق بأبويه.

إحساس

ثمة إحساس مؤلم ينتابني كلما انفردت بنفسي ليلاً، أسئلة قاسية تثور أمامي تبحث عن إجابات لكني عاجز عن الإجابة. قلبي مثقل بالهموم وتلك الأسئلة تتزاحم لتزيد حيرتي. في حقيقة الأمر لا أود الإجابة، لا لجبني وخوفي من الحقيقة، بل لأني لا أريد تصديق ما أنا فيه وما هو كائن في دواخلي! أخادع نفسي أم الأخريات اللائي يتحلقن حولي كالفراشات؟ أخاف عليهن الاحتراق فألوذ بالفرار بعد أن أُحكم شباكي حولهن، أعلن توبتي ليلاً ومع بزوغ أول ضوءٍ للفجر أنسى وعدي الذي قطعته مع نفسي. يا ترى هل أحدث نفسي بحقيقتها أم أكتفي بالتلميح علها ترعوي؟ أحببت فراشاتي الملونة لكن ناري قاسية.. أهرب منهن حتى لا أؤذيهن ويصررن على الاحتراق بها.

كانت مسافات الهروب بعيدة وكلما قررت الإقلاع أعود مرة أخرى كمدمن خمر لا يستطيع فكاكاً من كأسه.

لكنها وحدها، دون غيرها من الفراشات، اكتفت بالانتظار، أردت لها الاقتراب من ناري. صدمتني وابتعدت. هرولت خلفها، حلقت بعيداً، زادت المسافة بيني وبينها.

كانت تحتقر محاولاتي اليائسة من التقرب إليها، ماذا دهاني؟!
أنا الصياد الذي لم تفلت مني فريسة؟ ما بالي أعجز عن اصطياد هذه
الفراشة الجميلة المستعصمة بصمتها؟

لن أبالي بتمردها. لن أدعها تفلت من قبضتي وتنتصر علي.
سأحرق غرورها بناري. سأشعل الشموع وأدعها تقترب رويداً رويداً
حتى تحترق أجنحتها الرائعة ثم أنظر إليها وهي تختفي في أتون النار.

ثم أجلس لأتلذذ بسماع صرخاتها المستغيثة كالفراشات الأخرى،
سترى أنني رمز للنجاح المبهر، لن أُهزم من فراشة ضعيفة تستعصم
بالبعد عني. حينها سأُرضي غروري. كيف لها أن ترفض مثلي؟ ماذا
دهاها؟ يعذبني صمتها. يغريني أكثر بالحصول عليها. أين كانت هذه
الفراشة الفاتنة؟ لماذا لم ألتَقِها من قبل؟ ولماذا تقاومني بهذه القوة؟

أنا لا أرغب إلا فيها. ستعرف من أنا حين أنا أنقض عليها؛ هذه
الحمقاء! حمقاء لكنها جميلة.

لا أريد غيرها.

- عفواً. هل صدقت نفسك يا هذا؟ أين هو هذا النجاح الذي
تتحدث عنه؟

- ومن أنتِ حتى تحاكمينني على حديثي مع نفسي؟

- أنا نفسك التي بين جنبيك.. أنا من سولت لك المشي في ذلك
الطريق الوعر، أحكمت قبضة لجامك وسقتك دون مقاومة وتبعتني
كالأعمى ثم تتباهى بنجاحك في اصطياد الفراشات البريئة؟ ها ها ها

142

ما أنت سوى خيبة رجاء أمك وعمل أبيك السيء.

ـ اغربي عن وجهي، ماذا تريدين مني؟

ـ أذكرك فقط حتى لا تتباهي بما ليس لك.

ـ كيف تجرؤين على قول هذا، ألا تعلمين من أنا؟

ـ دع عنك هذا الغباء، قلت لك أنا من سولت لك ما تفعله الآن، أنت ضعيف أمامي، لا تستطيع فعل شيء من دوني.

أحس بدوار عنيف. استعرض شريط حياته المهترئ قبل أن يقع مغشياً عليه من هول ما فعل. لم يفق من إغماءته تلك، فقد تركته نفسه التي بين جنبيه وولت هاربة وهي تقهقه من غفلته التي عاش فيها سنين عدداً مرددة: «هل يُجدي الندم بعد فوات الأوان؟».

الفهرس